MODERN LANGUAGES STUDY GUIDES
FILM STUDY GUIDE FOR AS/A-LEVEL FRENCH

La haine

dir. Mathieu Kassovitz

Karine Harrington

HODDER
EDUCATION
AN HACHETTE UK COMPANY

The Publishers would like to thank the following for permission to reproduce copyright material.

Photo credits

p. 6 Photos 12/Alamy; **p. 8** TopFoto; **pp. 30, 31, 41** Moviestore Collection Ltd/Alamy; **p. 43** United Archives GmbH/Alamy; **p. 50** Moviestore Collection Ltd/Alamy; **p. 52** United Archives GmbH/Alamy; **p. 63** TopFoto.

Acknowledgements

pp. 41–42 Extracts from interview reproduced by kind permission of UniversCiné (English extract is the author's translation).

Every effort has been made to trace all copyright holders, but if any have been inadvertently overlooked, the Publishers will be pleased to make the necessary arrangements at the first opportunity.

Although every effort has been made to ensure that website addresses are correct at time of going to press, Hodder Education cannot be held responsible for the content of any website mentioned in this book. It is sometimes possible to find a relocated web page by typing in the address of the home page for a website in the URL window of your browser.

Hachette UK's policy is to use papers that are natural, renewable and recyclable products and made from wood grown in well-managed forests and other controlled sources. The logging and manufacturing processes are expected to conform to the environmental regulations of the country of origin.

Orders: please contact Hachette UK Distribution, Hely Hutchinson Centre, Milton Road, Didcot, Oxfordshire, OX11 7HH. Telephone: (44) 01235 827827. Email education@hachette.co.uk Lines are open from 9 a.m. to 5 p.m., Monday to Friday. You can also order through our website: www.hoddereducation.co.uk

ISBN: 978 1 4718 8994 3

© Karine Harrington, 2017

First published in 2017 by

Hodder Education,

An Hachette UK Company

Carmelite House

50 Victoria Embankment

London EC4Y 0DZ

www.hoddereducation.co.uk

Impression number 10 9

Year   2022

Cover photo © Hemera Technologies/Thinkstock/Getty Images

Typeset in 11/13pt Univers LT Std 47 Light Condensed by Integra Software Services Pvt. Ltd., Pondicherry, India

Printed in Dubai

A catalogue record for this title is available from the British Library.

Contents

Getting the most from this guide

This guide is designed to help you to develop your understanding and critical appreciation of the concepts and issues raised in *La haine*, as well as your language skills, fully preparing you for your Paper 2 exam. It will help you when you are studying the film for the first time and also during your revision.

A mix of French and English is used throughout the guide to ensure you learn key vocabulary and structures that you'll need for your essay, while also allowing you to develop a deep understanding of the work.

The following features have been used throughout this guide to help build your language skills and focus your understanding of the film.

Activity

Various types of activities are found throughout the book to test your knowledge of the work and develop your vocabulary and grammar. Longer writing tasks will help prepare you for your exam.

Build critical skills

These offer an opportunity to consider some more challenging questions. They are designed to encourage deeper thinking and analysis to take you beyond what happens in the film to explore why the director has used particular techniques and the effects they have on you. These analytical and critical skills are essential for success in AO4 in the exam.

Answers

Answers to every activity, task and critical skills question can be found online at **www.hoddereducation.co.uk/mfl-study-guide-answers**

les émeutes (*f*) riots

For every paragraph in French, key vocabulary is highlighted and translated. Make sure you know these words so you can write an essay with accurate language and a wide range of vocabulary, which is essential to receive the top mark for AO3.

TASK

Short tasks are included throughout the book to test your knowledge of the film. These require short written answers.

GRADE BOOSTER

These top tips will advise you on what to do, as well as what *not* to do, to maximise your chances of success in the examination.

Key quotation

Key quotations are highlighted as they may be useful supporting evidence in your essay. Further quotations can be found in the 'Top ten quotations' chapter on page 93 of the guide.

Un arabe dans un commissariat il ne tient pas plus d'une heure.

(Saïd)

1 Synopsis

Set on the outskirts of Paris and shot in black and white, *La haine* focuses on one day in the life of three young men, Vinz, Saïd and Hubert, who live in *la cité des Muguets*, a rundown and problematic estate.

- Vinz is Jewish and lives with his mother, sister and grandmother in a very small flat. He is a rather aggressive young man who wants to rebel against society.
- Hubert is of black African origin. He lives with his sister and mother. His brother, as we learn later, is in prison. Hubert is a boxer and appears to be the calmest, most down-to-earth of the three. He realises that life on the estate is no good and wants to escape for a better life.
- Saïd is of North African origin and is the joker of the three. He appears to be the peacemaker between the other two impetuous characters. In contrast to Hubert and Vinz, who feel they are misfits, Saïd is more resigned to his life on the estate and tries to get on with it.

We meet the three characters in the aftermath of riots that took place on the estate the night before, following the assault by the police of one of their friends, Abdel. The death of the young Abdel later in the film refers to real events that happened in France. Mathieu Kassovitz, the film director, was inspired by the tragic death of a young man from Zaire who was killed by a police officer while in custody.

Rumour has it that a gun has been lost during the riots and we soon learn that Vinz has found it. He keeps this a secret for a while but finally tells his friends

▲ Vinz, Saïd and Hubert

that he intends to use the weapon to kill a police officer to avenge the death of his friend Abdel. The gun is very important to Vinz as he begins to assert his power. From this point in the film, now that we know his intentions, the tension escalates. On several occasions, Vinz gets the gun out but he is stopped by Hubert, who disapproves of his behaviour. The two are in constant opposition. The tension mounts…

Hubert, Saïd and Vinz are archetypes of the youths living on a typical estate on the edge of Paris, exposed to crime, violence and drugs. The estate doesn't provide anything for these young people and they have no hope for the future. They don't have a job, they don't go to school and they see the police as their enemy. They are the victims of a broken and failing society and are affected by unemployment, racism, exclusion and despair. Life is tough for them on the estate; it is often the rule of the survival of the fittest that prevails. They live their lives stuck between the tower blocks, hanging out aimlessly with their friends, with no hope of anything better.

We also meet other characters on this estate: Darty, who earns money by black market dealing; Nordine, Saïd's older brother, who appears to be the 'boss' on the estate — he is the only one who seems able to establish his authority over the younger ones; and Samir, the police officer who plays on both sides. Being from the estate, Samir understands the angry youths and, working for the police, he tries to reason with Vinz — the police are not against them but want to protect them.

The police are, however, seen as the enemy by the youths and we witness many violent altercations between the two groups. The youths show no respect for the police, who struggle to maintain order on the estate. A controversial scene shows two police officers physically and verbally assaulting Saïd and Hubert in a police station.

Whether on the estate or in Paris, the youths don't seem to be able to find a purpose in their lives and often end up in tricky situations. Life is a constant battle and they are conditioned by their environment. There is no escape for these young people. This negative image of the youths from the estate is reinforced by the media.

The film ends tragically with the death of Vinz, killed by a police officer. Hubert, to whom Vinz has finally handed over the gun, now gets it out and points it at the other police officer, Notre-Dame. A shot is heard but we don't know who has died, Hubert or Notre-Dame. Ironically, it is Hubert who actually uses the gun despite having been against it throughout the film. The final camera shot on Saïd's face is powerful and the film ends as it started:

> C'est l'histoire d'une société qui tombe et qui pour se rassurer se dit, jusqu'ici tout va bien, jusqu'ici tout va bien. Ce n'est pas la chute qui compte, c'est l'atterrissage.

Build critical skills

Selon vous, pourquoi est-ce que le film s'appelle *La haine* ?

TASK
Recherchez des informations sur Mathieu Kassovitz.

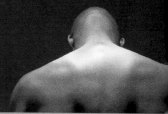

Les émeutes

les émeutes (*f*) riots

une bavure a police slip-up

un(e) beur(ette) a person born in France whose parents or grandparents are immigrants from North Africa

les cités (*f*) housing estates

Mathieu Kassovitz s'est décidé à écrire ce film à la suite de la mort de Makomé M'Bowole, un jeune homme originaire du Zaïre, victime d'**une bavure** policière alors qu'il était en garde à vue. Malheureusement cette mort accidentelle n'était pas la seule — un bon nombre de ces bavures ont eu lieu en France dans les années 70 et 80. Les premières scènes du film retracent un autre épisode tragique de 1986, celui de la mort de Malik Oussekine, un jeune **beur** tué pendant une confrontation entre la police et des habitants d'**une cité**. De nombreuses scènes dans le film montrent cette tension entre la population des cités et la police.

▲ Riot police with a demonstrator in the Lyon suburb of Vaulx-en-Velin, 1990

une banlieue area around a large city, suburb

Unrest in the working-class **banlieue** was a familiar phenomenon before *La haine* and Kassovitz shows this tension throughout his film. On many occasions we see clashes between the police and the youths from the estate, and in one famous scene two policemen sadistically molest Hubert and Saïd while a trainee officer watches on. *La haine* has often been depicted, despite Kassovitz's denials, as being anti-police.

From the early 1980s, violent confrontations between youths and the police took place in a number of suburbs surrounding France's major cities and *les cités* became the main theme of newspaper and magazine articles. With headlines such as 'Banlieue-ghetto' or 'Le Bronx à Paris', these articles often compared the *cités* to American inner-city ghettos. One of the first urban riots, with youths fighting against the police and cars burning, took place in 1979 on a housing estate in Vaulx-en-Velin near Lyon. In 1981 there were further riots on other housing estates near Lyon and for the first time they attracted national media coverage. From that point on, riots and social unrest became a national challenge and priority in France.

L'immigration et le racisme

Build critical skills

Regardez les premières scènes du film. En quoi fournissent-elles un début efficace ?

Décolonisation et immigration de masse

Pendant les années 60 de nombreuses colonies françaises deviennent indépendantes et la France connaît alors de grandes vagues d'immigration en provenance de ces pays. La Tunisie et le Maroc gagnent leur indépendance en 1956, et l'Algérie en 1962. Les migrants du **Maghreb** et surtout de l'Algérie sont les populations les plus nombreuses à venir s'installer en France, et principalement dans les banlieues. À ces populations s'ajoutent les **pieds-noirs** qui sont forcés après l'indépendance de l'Algérie d'émigrer en France. D'autres populations d'anciennes colonies et des territoires français d'**outre-mer**, en provenance des Caraïbes et d'Afrique entre autres, émigrent aussi vers le continent.

Croissance et saturation

À la fin des années 1970 on observe une nouvelle vague d'immigration en provenance du Maghreb avec la politique du **regroupement familial** qui autorise les familles des ouvriers étrangers à venir s'installer elles aussi en France.

Racisme

Dans les années 70, 80 et 90 le racisme prend de l'ampleur en France ; les étrangers et surtout les maghrébins sont perçus comme des **boucs émissaires** des problèmes de société. Le Front National (FN) gagne du terrain pendant ces décennies. De nombreux actes racistes sont exposés en France par rapport aux jeunes immigrés, mais principalement par rapport aux jeunes maghrébins issus des cités. Une association, "Touche pas à mon pote", est créée pour dénoncer ces actes racistes et pour promouvoir l'intégration des jeunes immigrés. Les jeunes immigrés sont victimes de nombreux actes racistes et de traitements injustes, tels que **le "délit de faciès"**.

le Maghreb area of North Africa comprising Algeria, Tunisia and Morocco

pieds-noirs native French (or European) people who had emigrated to French Algeria in the 1800s and whose descendants had been living there ever since

outre-mer overseas

le regroupement familial family reunification

un bouc émissaire a scapegoat

le délit de faciès act by which someone is judged by their appearances and/or skin colour

Build critical skills

En quoi les personnages du film sont une représentation efficace des populations immigrées ?

TASK

Recherchez des informations sur les deux associations "Touche pas à mon pote" et "SOS racisme".

Key quotation

Un arabe dans un commissariat il ne tient pas plus d'une heure.
(Saïd)

le malaise social unrest

la délinquance crime, delinquency

le chômage unemployment

la main-d'œuvre workforce

les habitats de fortune (m) makeshift dwellings

les bidonvilles (m) shantytowns

During the 1950s, the 1960s and the start of the 1970s the rate of unemployment was low for the *banlieusards*, due to economic prosperity; job opportunities were plentiful and rapid. The situation then changed with the oil crisis of 1973 when the *banlieues* started to experience changes for the worse. People who were able to move out did so, but unfortunately many *banlieusards* had no choice but to stay. The *banlieues* became poorer and poorer and fell victim to a vicious circle of problems: unemployment, poverty, alienation, exclusion, racism. The population felt abandoned and stigmatised for living in the *banlieues*. In 1976 a law was passed to allow the families of foreign workers who had been living in France to come and join them. Immediately, hundreds of thousands of women and children left North Africa and migrated to France. This added to pressure on the low-quality accommodation and increased the demand for more, with some families forced to live in very poor conditions.

In 1975 Jean-Marie Le Pen, leader of the FN, used two quotes to gain votes: 'Un million de chômeurs, c'est 1 million d'immigrés de trop !' and 'La France et les Français d'abord !' Jean-Marie Le Pen and his party wanted to show the danger of immigration and fuelled racist behaviour throughout France. In 1982 he continued his campaign with a similar slogan: 'Trois millions de chômeurs, ce sont 3 millions d'immigrés en trop !' Associations such as 'Touche pas à mon pote' and 'SOS racisme' were created at that time to promote anti-racism and act against anti-racist behaviour. They have, for example, actively denounced the ghettoisation of the suburbs around large cities in France.

GRADE BOOSTER

Understanding the historical context will give you a better understanding of the work. It is essential that you have a good understanding of these key aspects to comprehend fully the impact and the scope of the film.

Les problèmes des banlieues

Ce film met aussi l'accent sur **le malaise** des banlieues et des cités. En effet ces cités, dans lesquelles se côtoient des populations immigrées d'origine diverses, sont alors souvent associées aux problèmes sociaux tels que **la délinquance**, la marginalisation, les drogues et **le chômage**.
La Deuxième Guerre mondiale
Une grande majorité des grandes villes françaises sont détruites pendant la Deuxième Guerre mondiale et tout est à reconstruire. De plus la guerre entraine aussi une perte colossale de vies humaines. En manque de **main-d'œuvre** pour la reconstruction des infrastructures, la France fait appel à des travailleurs étrangers, provenant surtout de ses colonies. Ces travailleurs sont contraints de vivre dans des **habitats de fortune** et c'est alors que des **bidonvilles** se forment un peu partout en France.

➡

Les Grands Ensembles

Dans les années 50 et 60 le gouvernement français commence une gigantesque opération de construction de logements : les **HLM** (habitations à loyer modéré) voient le jour à la périphérie des grandes villes françaises comme Paris, Lyon et Marseille. C'est ainsi que sont nées les banlieues et les cités, aussi appelées les **"Grands Ensembles"**.

Les Trente Glorieuses

Cette période de reconstruction et le sentiment optimiste des Français d'après-guerre mène à une vague de prospérité économique en France et à une hausse de la population, ce qui accentue le besoin de logements près des grandes villes. De nombreuses usines ouvrent aux alentours des grandes villes, ce qui attire les gens de la campagne qui viennent dans les grandes villes pour trouver du travail et s'y installer. Cette prospérité attire aussi les travailleurs étrangers des pays voisins de la France en quête d'une vie meilleure en France. Le taux de chômage est alors très faible et les conditions de vie s'améliorent très vite.

Crise économique et chômage

En 1973, le choc pétrolier met fin aux **Trente Glorieuses** et avec celui-ci arrive une période d'insécurité économique. Le taux de chômage augmente rapidement. De nombreuses usines construites près des banlieues ferment et de nombreux banlieusards se retrouvent au chômage. Très rapidement les banlieues s'appauvrissent et commencent à voir apparaitre de nombreux problèmes sociaux.

les HLM (habitations à loyer modéré) (f) low-cost accommodation, social housing

les Grands Ensembles (m) large housing estates

les Trente Glorieuses 30 years of prosperity in France after the Second World War

Following the Second World War, France had to be rebuilt and people housed. It was estimated in the early 1960s that 100,000 people were still living in shantytowns. Having lost a dramatic number of its men during the war, France had to call upon foreign workers to come and rebuild France. The *Grands Ensembles* were usually defined by their uniformity and vastness. Even though they provided the latest modern conveniences such as running water, central heating, toilets and lifts, they were widely criticised for being soulless. They were also described as **cités-dortoirs**, highlighting the fact that they had been created mainly for workers who used their accommodation only to sleep in (hence the word *dortoir*). Soon changes were made to *les Grands Ensembles* with the creation of green spaces, schools, shops and other amenities and equipment, meaning that they became independent, self-sufficient living spaces for families.

les cités-dortoirs (f) dormitory estates

After the Second World War came 30 years of prosperity, characterised by tremendous economic growth which attracted not only people from the countryside come to find work in the cities but also foreigners from neighbouring countries such as Italy, Spain and Portugal. The so-called *Trente Glorieuses* led to another increase in population in the form of a baby boom, with families encouraged to have more children, which added to pressures on housing

Build critical skills

Regardez la scène à l'épicerie et démontrez en quoi elle reflète la composition des banlieues.

TASK

Visionnez la scène dans laquelle on survole la cité et démontrez en quoi la cité est une cité typique.

TASK

Trouvez une scène dans laquelle vous voyez la cité. Quels adjectifs utiliseriez-vous pour décrire cet endroit ? Qu'en pensez-vous ?

Key quotation

J'en ai marre de cette cité, j'en ai marre. Il faut que je parte. Il faut que je parte d'ici.
(Hubert)

needs. France's highly developed social benefits system (*les allocations*) further encouraged larger families.

However, in the early 1980s the *banlieues* rapidly became synonymous with social issues and lack of integration. The *cités* concentrated social problems: rundown housing, a high proportion of young people from immigrant backgrounds, drugs and unemployment. Young people from the suburbs started to rebel and show their anger, especially second-generation immigrants who didn't have the same economic and social opportunities as their parents when they first arrived in France. These young people felt marginalised and excluded from the rest of the population. Their social deprivation and cultural alienation were echoed in their topographical isolation from the city centre. As in the film, the *banlieues* were routinely portrayed in the media as violent, dysfunctional spaces.

Le verlan

Le verlan est la langue utilisée par les jeunes personnages dans le film. Le verlan est une sorte de code qui forme de nouveaux mots en inversant les syllabes, en commençant par la fin. C'est une forme d'argot. En voici quelques exemples :

Verlan	Mot d'origine	Signification en anglais
un rebeu (re-beu)	un beur	a French person of arab origin
un keum (k-eum)	un mec	slang word for 'a guy'
ouf (ou-f)	fou	crazy
téma (té-ma)	mater	slang word for 'to watch'
un oinj (oin-j)	un joint	a joint
chelou (che-lou)	louche	weird
relou (re-lou)	lourd	not cool
reuch (reu-ch)	cher	expensive
vénère (ve-nere)	énervé	annoyed
la zicmu (zic-mu)	la musique	music
la teuf (teu-f)	la fête	party

Le mot "verlan" est en fait lui aussi créé de cette façon en inversant les syllabes de "l'envers" (signification en anglais : backwards) : "l'en-vers" = "ver-lan".

Le verlan est à l'origine le langage des jeunes des cités mais bientôt ces mots vont sortir des banlieues. Des mots comme "meufs" (femme), "relou" (lourd / pas cool) ou encore "laisse béton" (laisse tomber) vont même entrer dans le langage courant des jeunes français.

Verlan is not only the language of the estate, there are examples of *verlan* in comic strips, songs and films from the 1970s and 1980s. It was a way to be creative with language. Renaud, a French singer, sang 'Laisse béton' (*laisse tomber* or 'drop it' in English) in 1977, and a film in 1984 exemplified this trend: *Les ripoux* (from *pour-ri*, meaning *corrompu(s)* or 'corrupt'). But the emergence of French rap at the end of the 1980s and early 1990s made this new language the language of the youths from the estates. It quickly became very difficult to understand, with youths creating new rules to form *verlan*. For instance, they would '*verlaniser*' *verlan* words, making it a double *verlan* word, or get rid of final syllables, making *une bouteille* '*une teille*' (from *teille-bou*).

Soon this *verlan* was the code of the estate and the youths prided themselves on creating words that only they would be able to access. There was an identity crisis among the second- and third-generation immigrants who felt trapped between two cultures, marginalised and excluded. By reinventing the French language and making it their own, this language gave them a sense of identity, a way of creating their own identity. These young people could affirm themselves and they felt empowered by it.

TASK

Trouvez une partie de dialogue dans laquelle les jeunes utilisent le verlan. Quels mots comprenez-vous ? Quels sont les mots d'origine ?

Key quotation

Téma la vache !

(Vinz)

1 Associez les définitions aux mots suivants.

1 Les Grands Ensembles   **a** période de prospérité après la Deuxième Guerre mondiale

2 Les Trente Glorieuses   **b** logements à prix bas

3 Les banlieues   **c** une façon de parler

4 Les HLM   **d** un pays devient indépendant

5 La génération beur   **e** endroit qui se trouve à la périphérie des grandes villes

6 La décolonisation   **f** personnes qui sont originaires des pays d'Afrique du nord

7 Les Maghrébins   **g** personnes qui sont les descendants d'immigrés du Maghreb et qui habitent en France

8 Le verlan   **h** complexes d'habitation très vastes aux alentours des grandes villes

2 Remplissez le texte avec les mots de l'encadré et traduisez le texte en anglais.

*La haine raconte l'histoire de trois **1** .... parisiens. Le film se passe dans une de ces **2** .... construites dans les années 60. À l'époque la France avait besoin de **3** .... pour accueillir les **4** .... mais aussi pour répondre aux besoins d'une population **5** .... d'après-guerre. **6** .... ont en effet mené à une explosion **7** .... et économique et la France a dû construire de **8** .... ensembles **9** ....Très vite les **10** .... et les cités voient le jour. Les logements sont alors très **11** .... mais beaucoup critiquent ces cités d'être trop monotones et **12** ....*

logements	immigrés
sans âme	démographique
les Trente Glorieuses	croissante
HLM	vastes
modernes	banlieusards
cités-dortoirs	immobiliers

3 Choisissez les quatre phrases qui sont correctes en fonction du sens du texte.

1 Les banlieues ne se sont développées qu'autour de Paris.

2 La France a connu un flux migratoire important pendant les années 60.

3 Les banlieues ont été construites pour accueillir les gens pauvres.

4 Il était encore courant de voir des bidonvilles dans les années 60 en France.

5 La France a souffert d'une crise économique dans les années 70.

6 Le verlan a été inventé dans les cités.

7 Avec le verlan les jeunes ont pu se créer une identité.

8 La France a toujours bien accueilli ses immigrés.

4 Donnez trois facteurs importants qui ont mené à la construction des Grands Ensembles.

Les Grands Ensembles ont été créés pour ....

5 Donnez deux raisons pour lesquelles un bon nombre d'Algériens ont immigré en France.

Les Algériens sont venus en France parce que ....

6 Dans le film Vinz dit à Saïd :

Tu veux être le prochain rebeu [arab] à te faire fumer [to be hit/killed] dans un commissariat ?

À quoi est-ce que Mathieu Kassovitz fait-il référence ici ? Donnez au moins deux aspects.

Il fait référence ....

7 Résumez les raisons pour lesquelles les banlieues étaient attractives lors de leur construction. Servez-vous des points suivants.

- ◤ les bidonvilles
- ◤ les équipements modernes
- ◤ la proximité des grandes villes
- ◤ une communauté

Contexte
1945–1973

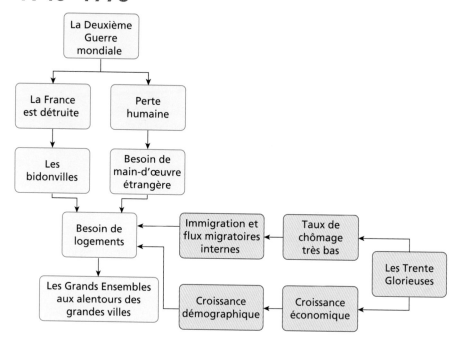

À partir de 1973

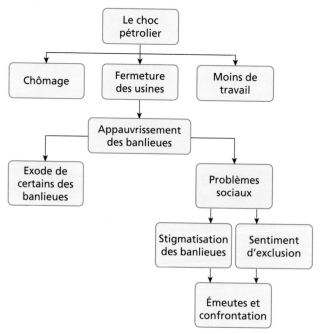

Vocabulaire

les allocations (f) benefits

le baby boom period marked by a greatly increased birth rate after the Second World War

les banlieues (f) surburbs around large cities

un banlieusard someone living in the *banlieues*

une bavure a police slip-up

un(e) beur(ette) colloquial term to designate European-born people whose parents or grandparents are immigrants from North Africa

un bidonville a shantytown

un bouc émissaire a scapegoat

le chômage unemployment

la cité housing estate

une cité-dortoir dormitory estate

un commissariat a police station

une décennie a decade

la délinquance delinquency

le délit de faciès act by which someone is judged by their appearance and/or skin colour

une émeute a riot

les Français de souche native French people

gagner du terrain to spread

les Grands Ensembles large housing estates

un habitat de fortune a makeshift dwelling

le HLM low-cost accommodation, social housing

insalubre squalid

le Maghreb area of North Africa comprising Algeria, Tunisia and Morocco

les Maghrébins people from the Maghreb countries in North Africa

la main-d'œuvre workforce

le malaise social unrest

une manifestation a riot, demonstration

outre-mer overseas

les pieds-noirs native French (or European) people who had emigrated to French Algeria in the 1800s and whose descendants had been living there ever since

se plaindre de to complain about

la politique nataliste government incentive to increase the birth rate

La scène d'ouverture
[00:00:45–00:05:10]

une bavure policière a police slip-up

une pancarte a sign, a poster

les manifestants (*m*) demonstrators

Les toutes premières secondes du film montrent un jeune homme face à une troupe de CRS, leur disant « Assassins, allez…vous tirez, c'est facile, nous on n'a pas d'armes, on a que des cailloux…. » Sur une chanson de Bob Marley, « Burning and looting », le film débute avec une scène montrant des images d'archive d'émeutes dans des banlieues parisiennes et aussi faisant référence aux évènements qui ont précédé la mort en 1986 de Makomé, un jeune homme originaire du Zaïre, décédé à cause d'**une bavure policière**.

Pendant cette séquence il y a un gros plan sur deux **pancartes** que les **manifestants** ont écrites, « N'oubliez pas que la police tue » et « Que justice soit faite pour Mako [Makomé] » qui nous rappelle les raisons pour lesquelles ces violentes altercations ont eu lieu.

La séquence se termine par les informations annonçant qu'un jeune homme de la cité des Muguets a été blessé pendant les émeutes. C'est aussi au début de cette séquence qu'on entend la fameuse réplique d'Hubert :

*C'est l'histoire d'un homme qui tombe d'un immeuble de cinquante étages. Le mec, au fur et à mesure de sa chute, il se répète sans cesse pour se rassurer : Jusqu'ici tout va bien, jusqu'ici tout va bien, jusqu'ici tout va bien. Mais l'important ce n'est pas **la chute**, c'est **l'atterrissage**.*

la chute fall

l'atterrissage (*m*) landing

Activity

1 Relevez dans le résumé de cette scène tous les mots qui font référence au thème de la violence et classez-les selon leur fonction grammaticale. Traduisez-les en anglais.

2 Maintenant utilisez-les pour compléter les phrases du texte. Il faudra peut-être les modifier.
  1 Le film est basé sur la ………. d'un jeune zaïrois.
  2 Dans cette scène les policiers sont traités d'……….. .
  3 Au début du film on voit des images d'……… réelles.
  4 Makomé a été accidentellement ………. par un policier en 1986.
  5 Tout au long de la séquence on voit de ………. confrontations.
  6 Contrairement à la police on voit les jeunes sans ………. .

La scène chez Vinz
[00:06:22–00:09:12]

Les toutes premières minutes du film présentent Saïd et Vinz mais aussi dressent un tableau de leur cité. Du bas de l'immeuble Saïd appelle Vinz et lui demande de descendre. C'est alors qu'un voisin de la tour d'en face se met à sa fenêtre et exprime son **mécontentement**. Saïd lui répond en l'insultant. On se rend compte de la **promiscuité** des lieux. Comme son ami est en train de dormir Saïd monte chez lui. On le voit entrer dans la chambre de Vinz et la caméra fait un zoom sur **la bague** de Vinz comme pour le présenter en tant que **caïd** ou gangster. Cette scène donne ensuite **un aperçu** du quotidien de ces jeunes de banlieue qui ne font rien, se lèvent tard et fument du cannabis. C'est aussi une des rares scènes dans le film où on voit des personnages féminins : la sœur, la mère et la grand-mère de Vinz. On apprend aussi que Vinz est juif.

Dans cette scène on est témoin ici de l'exaspération des habitants de la banlieue qui sont victimes de ce qui se passe autour d'eux. Par exemple, la sœur de Vinz ne peut pas aller à l'école comme celle-ci a brûlé. Vinz fait aussi référence à **une vache** qu'il a vue pendant les émeutes et cette image va rester tout au long du film.

le mécontentement discontent

la promiscuité lack of privacy

la bague ring

un caïd a bad boy, a leader

un aperçu a snapshot

une vache a cow

Activity

3 Traduisez les phrases suivantes en français en vous servant du vocabulaire du texte ci-dessus.
  1 In this scene we witness the dissatisfaction of the people living on the estate.
  2 There is a lack of privacy on the estate.
  3 We have a snapshot of the daily life of the youths on the estate.
  4 In this scene there is a zoom on Vinz's ring.
  5 Vinz's sister says that her school has burned down.
  6 This is an effective scene as we learn a lot about the characters and the estate.

TASK
Regardez cette scène et décrivez ce que vous voyez. Comment savons-nous que des émeutes ont eu lieu la veille ?

La scène du miroir
[00:09:12–00:09:44]

Dans cette très courte séquence on voit Vinz chez lui, dans la salle de bains, qui se parle dans le miroir. Il ne cesse de répéter « C'est à moi que tu parles ? » Cette fameuse phrase est tirée d'un film avec Robert de Niro, *Taxi Driver*, dans lequel il joue le rôle d'un gangster. Vinz est très agressif et en faisant semblant d'avoir un pistolet dans la main, il veut affirmer son caractère de gangster ou du moins ce qu'il veut être. On voit ici cette obsession du **pistolet**. La scène a pour but de montrer le côté agressif de Vinz.

un pistolet a gun

Activity

4 Trouvez dans le texte les mots français pour les mots suivants.
 1 he keeps on …
 2 is taken from
 3 in which
 4 to assert
 5 at least
 6 aims at
5 Traduisez le résumé en anglais.

Build critical skills

Quelle est l'importance de cette scène, selon vous ?

Le deal d'Hubert
[00:12:22–00:14:07]

le personnage character

se vanter de to boast about doing something

le pote friend, mate (informal)

Cette séquence se focalise sur nos trois **personnages**. On suit d'abord Vinz, Hubert et Saïd avec Vinz qui parle des émeutes de la veille. Pendant leur ballade ils croisent trois policiers et on ressent une certaine tension entre les jeunes et la police. Vinz **se vante de** ce qu'il a fait pendant les émeutes mais quand ils passent à côté des trois policiers il se tait. Soudain ils entendent le bruit d'un vélomoteur et de suite nos amis reconnaissent à qui le vélomoteur appartient. Ceci montre que les personnes de la cité se connaissent très bien et souligne le sentiment de communauté. Ce sentiment est renforcé quand ils voient un autre groupe de jeunes qu'ils saluent. On a l'impression que tout le monde se connaît. La scène se termine sur un gros plan sur Hubert faisant un deal de drogue. Bien que la caméra se focalise sur la drogue, on entend clairement la conversation entre Saïd et Vinz qui sont au deuxième plan et qui parlent des émeutes. Cette scène résume bien le quotidien des jeunes de la cité qui trainent entre **potes**, ne travaillent pas, ne vont pas à l'école et qui sont confrontés à la violence et aux drogues.

Activity

6 Trouvez dans le résumé les synonymes des mots suivants et traduisez-les en anglais.

1 le jour d'avant
2 (il) est fier
3 une petite moto
4 ils croisent
5 ils disent bonjour
6 la routine / tous les jours

7 Maintenant utilisez-les pour finir les phrases et traduisez-les phrases en anglais.

1 Les conversations dans cette scène se concentrent sur les évènements de la ....
2 Quand notre trio passe à côté de la police, ils ne vont pas les ....
3 Dans cette séquence on a une représentation de ce que les jeunes vivent au ....
4 On voit ici un trait de caractère de Vinz qui n'arrête pas de ....
5 L'esprit de communauté apparait car nos personnages n'ont aucun doute sur l'identité du propriétaire du ....
6 Quand Vinz .... la police il arrête de parler.

La scène sur les toits
[00:14:20–00:18:56]

Vinz, Hubert et Saïd retrouvent d'autres habitants des cités sur **le toit** d'un immeuble. Les jeunes y font des barbecues et y écoutent de la musique. C'est un véritable endroit **convivial** pour ces jeunes de différents âges et d'origines diverses.

Pendant cette scène Vinz dit qu'il souhaite faire de la prison tandis qu'Hubert essaie de le raisonner. On voit ici le côté pacifiste d'Hubert tandis que l'aspect rebelle de Vinz apparait.

C'est dans cette scène qu'on fait la connaissance de Nordine, le frère aîné de Saïd, qui calme la situation quand Saïd vole **une merguez** mais aussi quand la police intervient. Il semble être le seul à pouvoir contrôler les plus jeunes.

On voit aussi la constante tension entre l'autorité et les jeunes **banlieusards** quand un jeune garçon commence à insulter le maire qu'il voit en bas de l'immeuble. Ils lui jettent même des cailloux du toit. La scène se termine avec l'intervention de la police. Les jeunes montrent bien qu'ils ne craignent pas la police puisqu'ils continuent de les insulter. Les policiers ne réussissent pas à faire descendre les jeunes

GRADE BOOSTER

When making reference to the film, remember that you can use direct quotations if you know one that fits your argument, or you can refer to a particular scene or moment. For instance, you could write 'la scène du deal d'Hubert' or 'la scène dans laquelle Hubert fait un deal de drogue'. The second one would be much better as it includes a subordinate clause (*dans laquelle*).

un toit a roof
convivial friendly
une merguez a spicy sausage
un banlieusard someone living in the *banlieues* / of the *banlieues*

un endroit a place

et quittent le toit en se faisant insulter. C'est Nordine qui finalement ordonne à son frère et aux autres de partir.

Malgré le côté négatif de cette scène, la cité apparait comme un lieu où cohabitent des cultures différentes et **un endroit** qui leur appartient.

Activity

8 Faites une liste en français des personnages présents dans cette scène.
9 Maintenant utilisez les personnages pour remplir les phrases suivantes. Qui fait quoi ?

1 ………. se fait insulter quand il arrive dans la cité.
2 ………. tente de voler une merguez.
3 ………. est le seul à se faire respecter.
4 ………. lance des pierres sur les personnes en bas de l'immeuble.
5 ………. n'arrive pas à se faire obéir. → se Obeyed
6 Seuls ………. semblent pouvoir contrôler les autres.

Build critical skills

En quoi cette scène montre-t-elle le quotidien des jeunes dans la cité ?

La scène avec les journalistes
[00:18:56–00:20:22]

une aire de jeux a play area

l'ennui (m) boredom

Thoiry a safari park near Paris

les infos the news

Cette scène se déroule dans **une aire de jeux** vandalisée, au milieu de la cité. Les jeunes viennent d'être expulsés du toit et trouvent un autre endroit pour passer le temps. C'est une autre scène qui illustre bien l'inactivité et **l'ennui** des jeunes mais elle introduit aussi un autre aspect : celui de la perception des banlieues par les médias.

La scène commence avec une indication de l'heure, 12 h 43, et on voit tout d'abord notre trio silencieux, assis et pensif. Puis on entend Saïd qui raconte une histoire pendant que Vinz roule un joint.

Ensuite des journalistes descendent d'une voiture et ils souhaitent poser des questions aux jeunes à propos des émeutes de la veille. La situation va tout de suite empirer, avec Vinz, Hubert et Saïd qui réagissent mal à cette demande. Quand la journaliste demande « Est-ce que vous avez brulé des voitures ? Cassé quelque chose ? », Hubert répondra « On n'est pas à **Thoiry**, ici », soulignant le caractère de "spectacle". En effet nos personnages sont assis en contrebas tandis que les journalistes sont en hauteur derrière la protection des barrières. Vinz, quant à lui, insulte les journalistes. On voit une partie de la séquence à travers la caméra du journaliste et on peut très bien s'imaginer le scoop que cela pourrait faire aux **infos**. La scène se termine avec notre trio lançant des pierres sur les journalistes. Cette scène se concentre sur l'image des banlieues transmise par les médias et l'agressivité des jeunes. On ressent aussi le sentiment de frustration des jeunes des cités vis-à-vis des médias qui ne cessent de projeter une image négative des banlieues.

Activity

10 Trouvez dans le texte un mot de la même famille que les mots suivants.
1 le vandalisme
2 pire
3 ennuyeux
4 haut
5 s'asseoir
6 penser
7 s'informer
8 le tour

11 Maintenant utilisez-les pour remplir les blancs. Il va falloir modifier les mots.

Dans cette scène on s'aperçoit très bien que 1 .... et 2 .... sont très présents dans les cités. On voit nos personnages très calmes et 3 .... mais ils seront bientôt dérangés par des journalistes qui sont à la recherche d'un scoop pour 4 .... Le fait que les journalistes soient en 5 .... et nos amis 6 .... en contrebas accentue le sentiment de spectacle de la scène.

Key quotation

On n'est pas à Thoiry, ici.
(Hubert)

Chez Darty
[00:20:30–00:22:54]

Après leur épisode avec les journalistes notre trio se dirige chez l'un de leurs amis, Darty. À peine arrivés chez lui et ils font comme s'ils étaient chez eux. On s'aperçoit que dans l'appartement de Darty est empilée une grande quantité de cartons de produits électroniques ; c'est en fait pour cette raison qu'ils l'ont surnommé Darty puisque Darty est un magasin d'électro-ménager en France. Darty gagne en effet sa vie en faisant du marché noir. Bien que Darty gagne de l'argent illégalement c'est le seul personnage du film qui semble avoir une "activité". C'est dans cette scène que nous voyons d'autres conséquences de l'émeute da la veille : des voitures brulées autour desquelles des enfants jouent. Darty est outré par ces évènements et par le fait que sa voiture a brulé alors que nos trois amis s'en moquent. Cette réaction contraste avec celle de la salle de gym. C'est chez Darty qu'ils voient les images des émeutes à la télé et la façon dont ils réagissent en voyant les reportages montrent qu'ils en sont fiers et en parlent très normalement. Ils se soucient plus des personnes qu'ils voient ou ne voient pas sur l'écran que de ce qui s'est vraiment passé. Cette réaction est un vrai contraste par rapport à la façon dont ils ont réagi au désarroi de Darty. Notre trio s'intéresse plus aux faits et à la violence qu'aux conséquences. Pour eux c'est comme une heure de gloire.

Activity

12 Trouvez dans le texte les mots français pour les mots suivants.
1 they have nicknamed him
2 a hi-fi store
3 he earns his living
4 black market
5 outraged
6 they don't care
7 they are proud of it
8 disarray

13 Traduisez les phrases soulignées en anglais. Il y en a six.

TASK
Regardez la scène et montrez en quoi Saïd, Hubert et Vinz font comme s'ils étaient chez eux. Que démontre ce comportement ?

La scène de l'histoire de la caméra cachée
[00:22:55–00:25:14]

la caméra cachée a programme in which people are unknowingly filmed

raconter une histoire to tell a story

à l'arrière-plan in the background

déambuler to wander about aimlessly

le gros plan close-up

Cette scène débute avec un plan d'ensemble avec nos trois personnages assis dehors au milieu de la cité en compagnie d'un jeune garçon qui **raconte une histoire. À l'arrière-plan** on voit des graffitis sur les murs et rien ne se passe autour d'eux. L'endroit est très vide. Pendant que le garçon raconte son histoire à Vinz, Hubert et Saïd n'ont pas grand-chose à faire. On s'attend à ce que quelque chose se passe. La caméra zoome sur le petit garçon et Vinz. Quand le jeune garçon finit son histoire Vinz lui dit « Et alors … ? »

Ce n'est pas la première fois qu'on les voit assis à ne rien faire. On voit soudain apparaitre l'heure, 14 h 12, sur l'écran et on s'attend à ce que les scènes suivantes soient différentes. Or la séquence continue dans le même endroit, avec le garçon racontant toujours son histoire mais cette fois-ci la caméra change de plan — elle est maintenant derrière eux. Cela donne une autre vue de la cité mais souligne toujours que rien ne s'y passe. Au loin on voit d'autres jeunes **déambuler**. La scène se termine avec un **gros plan** sur une seringue par terre avec laquelle Hubert joue avec son pied et un graffiti disant « l'avenir est à nous ».

Activity

14 Relevez tous les mots qui font référence aux techniques cinématographiques.

15 Maintenant utilisez-les pour remplir les blancs dans les phrases suivantes.

   1 Dans la scène de la caméra cachée Mathieu Kassovitz nous donne d'abord ………. sur la cité.

   2 ………. sont utilisés pour montrer deux aspects du quotidien des jeunes gens : la drogue et le vandalisme.

   3 L'ennui se fait ressentir aussi bien ………. qu'au premier plan ; on voit les jeunes ne rien faire.

   4 Grâce au ………. l'attention se porte sur l'histoire du petit garçon mais rien ne se passe.

Build critical skills

Quelle est, selon-vous, la signification de cette scène ? Que veut montrer Mathieu Kassovitz ?

GRADE BOOSTER

When watching a scene, make sure that you try to identify the message that the director is trying to convey. Analysing a film is not about describing scenes, it is to identify their significance.

La scène avec le revolver
[00:25:57–00:27:37]

Cette scène est vraiment importante puisque c'est à cet instant que nous découvrons que Vinz a trouvé **le pistolet** qui a été perdu pendant les émeutes. La scène se passe dans une cave et elle est très **sombre**, ce qui crée une atmosphère lugubre. Le pistolet est le centre d'intérêt de cette scène et cela donne à l'arme encore plus d'importance. La façon dont la scène débute est très efficace puisque Kassovitz utilise un zoom rapide du fond du sous-sol jusqu'au pistolet et y ajoute le bruit d'**un coup de feu** quand Vinz pointe le pistolet en direction de la caméra. Vinz est en admiration devant cet objet ; on a l'impression qu'il se sent supérieur en le possédant. Cette scène bien qu'incluant nos trois personnages est en fait une conversation entre Hubert et Vinz. Vinz explique ce qu'il a l'intention de faire avec cette arme et Hubert exprime son indignation. La scène se finit avec Hubert qui s'en va seul, après s'être disputé avec Vinz à propos du pistolet. Saïd le suit mais avant de partir dit à Vinz « Avec un truc comme ça t'es le boss dans la cité. »

le pistolet gun

sombre dark

un coup de feu a gunshot

Activity

16 Trouvez dans le texte les synonymes des mots ou expressions suivants.
  1 revolver (x 2)
  2 manque de lumière
  3 sinistre
  4 sous-sol
  5 le son
  6 qui part

17 Remplissez le texte avec les mots de l'activité ci-dessus.
  1 Il n'est pas anodin que Mathieu Kassovitz ait tourné cette scène dans un ……….. .
  2 ……….. du revolver apporte un aspect plus dramatique à cette scène.
  3 On apprend que Vinz est en possession de l'……….. qui a été perdue pendant les émeutes.
  4 Le fait que l'endroit est ……….. et ……….. accentue le drame de cette scène.
  5 À la fin de la scène on voit Hubert ……….. tout seul car il vient de se disputer avec Vinz.

La scène à l'hôpital
[00:27:41–00:29:28]

s'énerver to get annoyed

la colère anger

garder leur calme to keep calm

Nos trois jeunes se rendent à l'hôpital pour rendre visite à leur ami Abdel. Malheureusement un jeune policier les arrête et leur dit qu'ils ne peuvent pas voir Abdel. Bien que l'agent de police soit calme Hubert, Vinz et Saïd **s'énervent** mais c'est la réaction de Vinz qui inquiète. On sait qu'il a caché le pistolet sous son manteau et on voit sa frustration et sa **colère**. Encore une fois les médias sont là et en profitent pour prendre des photos de ce qui se passe. Saïd est arrêté par la police alors qu'Hubert et Vinz sont aidés par un de leurs amis de la cité, Samir, qui est policier. Cette scène nous montre encore la frustration et la colère des jeunes des banlieues. Tout comme la scène sur les toits ou la scène des journalistes, il y a une forte tension entre la police et les jeunes banlieusards. De plus il apparait encore une fois que les jeunes ont du mal à **garder leur calme** et réagissent violemment. Une scène très courte mais très puissante.

Build critical skills

Pourquoi, selon vous, est-ce que le téléspectateur sent la tension monter dans cette scène ?

Activity

18 Il y a cinq phrases soulignées dans le texte. Réécrivez-les d'une autre façon.

La scène chez Hubert avec sa mère
[00:33:58-00:36:20]

Le trafic de drogue est **au cœur** de cette scène. On voit Hubert déposer de l'argent sur le réfrigérateur pour que sa mère puisse payer ses **factures**. Bien que la mère sache exactement d'où provient cet argent, elle ne dit rien et l'accepte. Elle ne peut pas faire autrement puisqu'elle a besoin d'argent. Le trafic de drogues apparait comme le seul moyen de survivre dans la cité et de surmonter **la pauvreté**. Il n'y a pas de travail dans les cités alors il faut trouver une façon de gagner de l'argent. Malheureusement le trafic de drogues a ses conséquences — la prison. On entend en effet la mère d'Hubert parler de son autre fils qui est en prison à cause de la drogue. La drogue est une nécessité pour ces jeunes qui veulent aider leur famille. Soit tu vends de la drogue, soit tu **voles**. Ce sont les deux façons de se faire de l'argent présentées dans cette scène. C'est aussi dans cette scène qu'Hubert exprime son désir de quitter la cité. Il comprend qu'il faut qu'il s'en aille avant qu'il ne soit trop tard. Sa mère est très **cynique**.

au cœur at the heart
les factures (f) bills
la pauvreté poverty
voler to steal
cynique cynical

Activity

19 Complétez les phrases suivantes en vous servant du vocabulaire du résumé.

1 Dans cette scène on voit Hubert et sa .... et ils parlent de son

....

2 L'idée principale de cette scène est ....

3 Hubert aide sa mère en lui donnant de .... pour payer sa .... de gaz.

4 On sait qu'Hubert s'est procuré cet argent en vendant ....

5 Dans cette scène on apprend aussi qu'Hubert veut .... la cité.

6 .... est une réalité dans les cités ; beaucoup d'habitants peinent à survivre.

Build critical skills

En quoi est-ce que cette scène est encore une représentation efficace de la réalité des banlieues ?

Key quotation

J'en ai marre de cette cité, j'en ai marre. Il faut que je parte. Il faut que je parte d'ici.

(Hubert)

La scène du DJ
[00:38:44–00:40:45]

survoler to fly over

les bâtiments (*m*) buildings

écrasant overwhelming, suffocating

Cette scène nous donne un aperçu global de la cité puisqu'on la voit du haut, comme si on la **survolait**. Hubert est dans sa chambre tandis que Vinz et Saïd sont en bas. Dans cette scène on voit **les bâtiments** de la cité, avec des blocs les uns contre les autres, un manque d'espace. C'est le côté **écrasant** de la cité qui saute aux yeux. On y voit des enfants jouer, ce qui intensifie le coté normal et le quotidien de la cité. Le noir et blanc accentue bien la tristesse et le côté négatif de ces lieux. La musique du DJ a deux significations : premièrement cela renforce le fait que les habitants des cités n'ont aucune vie privée et qu'elle est comme une communauté — en jouant sa musique par la fenêtre ce jeune homme veut la partager sans penser aux autres. Deuxièmement, le choix de chansons n'est pas anodin ; on entend KRS One — « Sound of da police » ; Assassin — « Je glisse » ; NTM — « Nique la police » et finalement Edith Piaf — « Je ne regrette rien ».

La vache que Vinz avait aperçue au début du film fait une autre apparition dans cette scène. Est-ce une hallucination ou la réalité ? Est-elle là pour renforcer le coté rêveur de Vinz ?

Activity

20 Relevez dans le texte les mots et expressions qui sont utilisés pour décrire les cités.

21 Maintenant utilisez-les pour substituer les mots qui sont soulignés dans les phrases suivantes. Il va falloir modifier des mots.

  1 Dans cette scène Matthieu Kassovitz veut nous monter la morosité de la cité.

  2 Cette séquence renforce l'esprit d'harmonie entre les habitants des banlieues.

  3 On ressent la promiscuité dans la cité.

  4 Les lieux sont étouffants.

  5 Quand on survole la cité on voit la juxtaposition des immeubles.

  6 Cette scène dépeint l'aspect habituel de ce qu'on voit.

TASK

Regardez cette scène et écrivez les émotions que vous ressentez.

La course poursuite dans la cité
[00:45:20–00:47:30]

Dans cette scène nous voyons encore de violentes altercations entre la police et les jeunes banlieusards. Après avoir attrapé un jeune qui venait de tirer un coup de feu à la mémoire d'Abdel, les policiers se font attaquer par les jeunes. Hubert se distingue des autres : il essaie d'arrêter ses amis et il essaie aussi de faire partir la police. Il sait que Vinz a le pistolet sur lui. Tente-t-il d'éviter qu'il l'utilise ? Soudain un groupe de **CRS** arrive et la tension monte, avec les jeunes qui courent dans la cité pour essayer d'échapper aux policiers. On les voit courir dans les caves d'un immeuble qui nous apparaissent comme un labyrinthe — pourtant les jeunes savent très bien où se diriger. C'est leur **territoire**. Tout d'un coup Vinz sort son pistolet et le pointe en direction d'un CRS. Hubert intervient en poussant Vinz et en **frappant** le policier. Notre trio réussit à s'échapper.

le CRS anti-riot police force
le territoire territory
frapper to hit

Activity

22 Après avoir lu le texte, répondez aux questions suivantes. Répondez en un mot ou deux en manipulant le vocabulaire du résumé.

1 Où se passe cette scène ? Donnez deux lieux.
2 Qui a tiré un coup de feu ?
3 Qui est contre la violence dans cette scène ?
4 Où est-ce que les jeunes banlieusards vont se cacher ?
5 À quoi est comparée la cité dans cette scène ?
6 Comment est-ce que les jeunes considèrent la cité ?
7 Qui est-ce que Vinz vise avec son arme ?
8 Qui agresse le policier ?

Build critical skills

Regardez la scène et identifiez ce qui souligne l'esprit de communauté.

La garde à vue à Paris
[01:03:25–01:06:18]

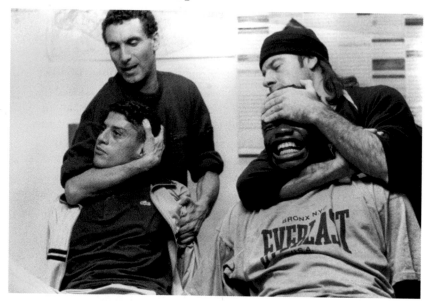

▲ Saïd and Hubert being abused by two police officers

une escapade a visit
récupérer to collect
odieux heinous

Cette scène se situe pendant **l'escapade** à Paris. Après avoir rendu visite à l'ami de Saïd, Astérix, pour **récupérer** l'argent qu'il lui devait, Saïd et Hubert se font arrêter par la police. Vinz quant à lui réussit à s'échapper. La scène dans le commissariat débute avec un plan très long dans lequel on voit Hubert et Saïd se faire molester violemment par deux policiers **odieux**. Un troisième, stagiaire, est assis en face et joue le rôle du spectateur passif. Il regarde ce qui se passe mais ne fait rien pour arrêter la violence. On ressent sa désapprobation et son dégout devant cette scène de violence. Les deux agents utilisent leur autorité pour humilier et tyranniser Saïd et Hubert.

Activity

TASK

Visionnez la scène et écoutez ce que les policiers disent à Saïd et Hubert. Notez les phrases qui suggèrent que les deux policiers sont racistes.

23 Lisez les phrases suivantes et choisissez les trois qui sont correctes en fonction du sens du texte.

1 Les trois jeunes gens sont allés à Paris car Saïd avait un problème d'argent à régler.
2 Les trois jeunes gens se sont rendus à Paris car Saïd devait de l'argent.
3 Trois policiers molestent Hubert et Saïd.
4 Le troisième policier est outré mais reste passif.
5 Le stagiaire veut arrêter la violence.
6 Saïd et Hubert se font humilier par les policiers.

La scène dans la galerie d'art
[01:11:44-01:15:38]

Cette scène met en avant la séparation qui existe entre Paris et la banlieue mais aussi que nos personnages ne sont pas à leur place dans cette société. Dans cette scène notre trio entre dans une galerie sans y avoir été invités. On les voit **se comporter** maladroitement car ils ne connaissent pas les règles de bonne conduite. On pourrait même les comparer à de jeunes enfants qui ne peuvent pas se contrôler. En fait tout dans cette scène souligne qu'ils devraient rester en banlieue. On les voit vraiment mal à l'aise dans cet environnement. **Le point culminant** de cette scène est lorsqu'ils se font expulser de la galerie à cause de leur attitude envers les deux jeunes femmes. Saïd a en effet demandé à Hubert d'aller parler aux deux femmes et celles-ci les invitent à leur parler. Malheureusement Saïd leur manque de respect et la situation dégénère rapidement. Très vite on leur demande de partir mais nos personnages ne partiront pas dans le calme devant une audience atterrée et silencieuse. Cette scène montre aussi que Vinz, Hubert et Saïd ne sont pas que des victimes mais qu'ils peuvent aussi se comporter très mal. Ils savent très bien qu'ils ne peuvent pas s'intégrer, alors à quoi bon faire semblant.

se comporter to behave

le point culminant climax

▲ Tension at the art gallery

Activity

24 Corrigez les phrases pour rendre les idées du texte ci-dessus.
1 Cette scène se passe dans la cité.
2 Les jeunes ont été invités à cette exposition par le copain de Saïd qui s'appelle Astérix.
3 Vinz, Hubert et Saïd ont un comportement irréprochable.
4 Seule la façon dont ils parlent les sépare des autres personnes.
5 Les jeunes se sentent comme chez eux.
6 Pendant cette scène les jeunes parlent à d'autres hommes de leur âge.
7 Les jeunes quittent la galerie car ils s'ennuient.
8 Vinz, Hubert et Saïd partent très calmement.

La scène avec les skinheads
[01:27:54–01:30:15]

une bagarre a quarrel, a fight

se venger to take revenge

Saïd et Hubert rencontrent un groupe de skinheads dans les rues de Paris et ceux-ci les agressent violemment. **Une bagarre** violente commence. Soudain Vinz arrive et sort son arme. Alors que les autres skinheads s'enfuient Saïd, Hubert et Vinz **se vengent** sur un d'entre eux. C'est une scène très brutale. Le téléspectateur ressent la tension qui monte de nouveau. Vinz est très énervé et frustré ; il dit qu'il veut tuer le skinhead pour venger Abdel. On peut voir ici que les rôles sont inversés : Hubert, qui est plutôt pacifiste, pousse Vinz à agir mais il sait pertinemment que Vinz ne passera pas à l'action. On pourrait dire qu'Hubert veut faire réaliser à Vinz que tuer un skinhead est un acte futile et aussi qu'il est incapable de tuer. Finalement Vinz abandonne, terrifié.

Activity

25 Continuez les phrases en gardant le sens du résumé.
1 Dans cette scène on voit Saïd et Hubert qui ……… .
2 Dans cette scène on voit les skinheads qui ……… .
3 Dans cette scène on voit Vinz qui ……… .
4 Dans cette scène on voit Vinz, Saïd et Hubert qui ……… .
5 C'est une scène qui ……… .
6 C'est une scène dans laquelle ……… .
7 On voit Hubert qui ……… .
8 Finalement on voit Vinz qui ……… .

La scène finale
[01:30:35–01:33:00]

Après leurs mésaventures nocturnes à Paris nos trois amis reviennent dans la cité. Nos amis se disent au revoir et se séparent pour rentrer chez eux. Admettant qu'Hubert a raison à propos du pistolet, Vinz le lui donne. Encore une fois on ressent la normalité de cette journée avec le « à demain » de Saïd. Malheureusement la police intervient et trois policiers **attrapent** Vinz et Saïd. Un des policiers menace Vinz avec son arme et accidentellement lui **tire** dessus. Vinz tombe par terre. Hubert, qui était revenu pour aider ses amis, sort le pistolet que Vinz lui avait donné. Seuls les policiers et notre trio sont présents dans cette scène où le calme règne. L'horloge va ensuite changer, pour la première fois du film, et passer de 6 h 00 à 6 h 01. Hubert pointe alors son arme sur Notre-Dame et celui-ci fait de même. C'est à ce moment que nous entendons le slogan d'Hubert, mais cette fois-ci ce n'est plus « un homme qui tombe », c'est « la société qui tombe ». On entend alors un coup de feu mais on ne verra pas ce qui se passe — la caméra fait un gros plan sur le visage **atterré** de Saïd, éclairé par **le gyrophare** de la voiture de police. Ensuite un long silence.

attraper to catch

tirer to shoot

atterré(e) in total dismay

le gyrophare flashing/revolving light on top of a police car

Activity

26 Choisissez les quatre phrases qui sont vraies et corrigez les autres.
1 Notre trio vient de passer la nuit dans la cité.
2 Hubert n'a pas réussi à convaincre Vinz de la futilité du pistolet.
3 Seuls Vinz et Saïd se font arrêter par la police.
4 Le policier avait l'intention de tuer Vinz.
5 Hubert n'hésite pas à se servir du pistolet.
6 La scène se concentre sur six acteurs.
7 On sait exactement ce qui se passe après avoir entendu le coup de feu.
8 La scène se termine avec un gros plan sur le visage choqué de Saïd.

1 Où se passe le film exactement ?

2 Quand est-ce que le film a été tourné ?

3 À quoi fait-on référence dans les premières scènes du film ?

4 En quoi la chanson du début du film est-elle efficace ?

5 De qui parle-t-on aux infos et pourquoi ?

6 Dès les premières minutes du film que peut-on dire sur la technique principale du film ?

7 Comment comprenons-nous qu'il y a eu des émeutes ?

8 Quand on voit Saïd pour la première fois, où se trouve-t-il ?

9 Quelle est la religion de Vinz ?

10 Quand Saïd entre dans la chambre de Vinz, sur quel détail est-ce que la caméra se focalise et quelle en est la signification ?

11 Quelle est l'attitude de Saïd envers la sœur de Vinz ?

12 Qui voit-on dans le salon dans cette scène ?

13 Quand on voit Vinz devant son miroir, que comprenons-nous de sa personnalité ? Pourquoi ?

14 Dans la scène sur le toit, qu'est-ce qui nous montre que ce toit est un endroit "social" ?

15 Dans la scène sur le toit, que se passe-t-il entre la police et les jeunes ?

16 Dans la même scène, pourquoi est-ce que Nordine apparait comme la figure d'autorité ?

17 Pourquoi est-ce que les journalistes veulent parler à nos trois personnages ?

18 Dans cette scène, pourquoi est-ce que Vinz, Saïd et Hubert réagissent mal ?

19 Comment est-ce que la mise en scène aide à transmettre les messages dans cette scène ?

20 Quelle est le comportement de nos trois personnages quand ils arrivent chez leur ami Darty ?

21 Pourquoi est-ce que cet homme est surnommé Darty ?

22 Que fait Darty pour gagner de l'argent ?

23 Que voit-on de la fenêtre de chez Darty ?

24 Que font nos trois personnages dans la scène où le petit garçon raconte l'histoire de la caméra cachée ?

25 Qu'est-ce qui se trouve aux pieds d'Hubert ?

26 Que dit le graffiti à la fin de la scène ?

27 Où se trouve notre trio quand Vinz leur montre le pistolet ?

28 Comment réagit Hubert ?

29 Pourquoi est-ce que le pistolet est si important pour Vinz ?

30 Pourquoi est-ce que Vinz, Hubert et Saïd se rendent-ils à l'hôpital ?

31 Comment sont-ils accueillis par le jeune policier ?

32 Comment se comportent nos trois amis ?

33 Qu'est-ce qui se passe à la fin de la scène ?

34 Chez Hubert, qu'apprenons-nous sur son frère ?

35 Chez Hubert, pourquoi est-ce qu'Hubert donne de l'argent à sa mère ?

36 Comment est-ce que sa mère réagit ?

37 Que dit Hubert à sa mère et pourquoi ?

38 Pourquoi est-ce que Vinz, Hubert et Saïd vont à Paris ?

39 Quelle est leur attitude à Paris quand ils sont à l'entrée de l'immeuble ?

40 Qui les attend quand ils s'en vont ?

41 À Paris, pourquoi est-ce que Vinz n'est pas au commissariat avec Hubert et Saïd ?

42 Dans le commissariat à Paris, quelle est l'attitude des deux policiers envers Hubert et Saïd ?

43 Que fait le troisième agent de police ?

44 Où vont Vinz, Hubert et Saïd après la garde à vue ?

45 Quelle est leur attitude ?

46 Avec qui est-ce que Vinz, Hubert et Saïd se bagarrent-ils ?

47 À quel moment de la journée se déroule la scène finale ?

48 Où était notre trio avant cette scène ?

49 Qui tire le premier ?

50 Pourquoi est-ce qu'Hubert est en possession du pistolet ?

Les évènements importants

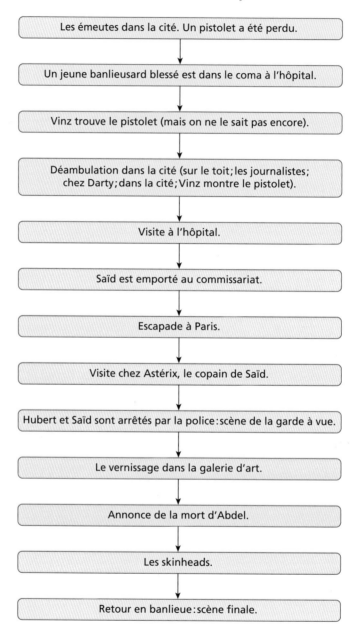

Les émeutes dans la cité. Un pistolet a été perdu.

Un jeune banlieusard blessé est dans le coma à l'hôpital.

Vinz trouve le pistolet (mais on ne le sait pas encore).

Déambulation dans la cité (sur le toit ; les journalistes ; chez Darty ; dans la cité ; Vinz montre le pistolet).

Visite à l'hôpital.

Saïd est emporté au commissariat.

Escapade à Paris.

Visite chez Astérix, le copain de Saïd.

Hubert et Saïd sont arrêtés par la police : scène de la garde à vue.

Le vernissage dans la galerie d'art.

Annonce de la mort d'Abdel.

Les skinheads.

Retour en banlieue : scène finale.

Vocabulaire

une aire de jeux a play area

une altercation a quarrel, an altercation

anodin(e) banal

un aperçu a snapshot

atterré(e) in total dismay

attraper to catch

les bâtiments (m) buildings

une bavure policière a police slip-up

bruler to burn

"la caméra cachée" a programme in which people are unknowingly filmed

se comporter to behave

convivial(e) friendly

un coup de feu a gunshot

craindre to fear

les CRS (Compagnie Républicaine de Sécurité) anti-riot police force

déambuler to stroll

dégénérer to worsen

s'échapper to escape

écrasant(e) crushing, overwhelming

l'ennui (m) boredom

une escapade a visit

être témoin to witness

l'exaspération (f) annoyance

une facette an aspect

se faire arrêter to be arrested

se faire expulser to be expelled

frapper to hit

gagner sa vie to earn one's living

le gyrophare flashing/revolving light on top of a police car

un immeuble a block of flats

les informations (f) the news

un labyrinthe a maze

les manifestants (m) demonstrators

manifester to demonstrate

le mécontentement discontent

la mésaventure misadventure, misfortune

molester to molest

nocturne nocturnal

outré(e) outraged

une pancarte a sign, a poster

les potes (*m*) friends (informal)

la promiscuité lack of privacy

le quotidien everyday life

un rebelle a rebel

une réplique a line (in a dialogue)

rouler un joint to roll a joint

le sang blood

sinistre sinister

sombre dark

un sous-sol a basement

survoler to fly over

Thoiry a safari park near Paris

trainer to hang about (informal)

la tristesse sadness

une vache a cow

la vie privée private life

In *La haine* we find the following themes:
- *Les cités et les banlieues* (housing estates and suburbs)
- *La délinquance* (delinquency)
- *La police* (the police)
- *La violence* (violence)
- *L'identité* (identity)
- *La jeunesse* (the youths)

Les cités et les banlieues

Le film se passe principalement dans la cité, sauf quand les trois personnages se rendent à Paris. À travers le film, Mathieu Kassovitz montre plusieurs aspects des banlieues.

Premièrement la cité est présentée comme un endroit où règnent la violence et la délinquance. Dans de nombreuses scènes le téléspectateur est **témoin** de confrontations entre les jeunes et la police, comme celle sur **les toits** ou celle de **la poursuite** dans la cité. De plus on ne peut pas s'empêcher de remarquer que la cité est un endroit **délabré** et **insalubre**, aspect qui est d'autant plus accentué avec les scènes dans l'appartement luxueux et la galerie d'art à Paris. On voit entre autres des voitures brulées, des graffitis sur les murs, des enfants qui jouent autour des voitures **incendiées** et des habitations de mauvaise qualité. Le paysage est triste et les HLM ne laissent aucune vie privée aux habitants. La façon dont ils sont juxtaposés et leur apparence laisse le téléspectateur se sentir claustrophobe.

Cependant il faut aussi se pencher sur une autre vision, plus positive, des cités que Mathieu Kassovitz communique. Bien sûr la première interprétation des banlieues est celle décrite dans les deux premiers paragraphes mais il est intéressant de noter que la cité apparait également comme un endroit où les jeunes se sentent chez eux et un endroit qui leur appartient ; c'est leur territoire.

le témoin witness
les toits (*m*) roofs
une poursuite a chase
délabré(e) run down, dilapidated
insalubre unhealthy
incendié(e) burnt out

It would be tempting to concentrate solely on the negative aspects of the housing estate as the story unfolds, focusing on the tension, violence, boredom of the youths, drug dealing and the feeling of there being no escape. Hubert's line, 'I want to get out of here,' resonates. Mathieu Kassovitz shows life on these estates and what it feels like to live in one of those squalid tower blocks. The estate also appears to be separated from the city, with its own language and its own social code. The viewers get a sense of the three main characters' feeling of inadequacy at the art gallery, for instance, and the long distance between Paris and the estate on the train journey. People have a particular,

TASK

Recherchez des images d'une cité française sur internet et décrivez ce que vous ressentez. En quoi la cité que vous avez trouvée est-elle similaire et différente de celle du film ?

Key quotation

J'en ai marre de cette cité, j'en ai marre. Il faut que je parte. Il faut que je parte d'ici.
(Hubert)

flagrant(e) obvious

enfreindre la loi to break the law

le marché noir black market

faire des bêtises to misbehave, to be up to no good

trainer to hang about

la cage d'escaliers stairwell

---

well-defined perception of the estates and this aspect is clearly shown in the scene with the reporters.

Furthermore, it seems that life on these estates is meaningless; not many inhabitants are seen going to work or taking part in constructive activities.

Yet we could also argue that Mathieu Kassovitz gives a positive view of the estates by focusing on their friendly atmosphere, their vastness and the fact that the people feel safe there. Even though the housing estates may leave the viewer feeling oppressed by the way they are built, Mathieu Kassovitz uses long shots and outside scenes to emphasise the feeling of freedom and vastness. Only a few scenes are shot indoors in the housing estate, whereas when Hubert, Vinz and Saïd are in Paris quite a few scenes are predominantly 'inside' — the flat, the art gallery, the toilet, for instance. In this sense, Paris feels more oppressive. The scene on the roof and the many scenes where all the youths are together reinforce the feeling of harmony, despite the different origins of the young people. They know everyone and they look after each other. Many scenes highlight this aspect of community. The youths on the estate also share the same codes, whether verbal with *verlan* or their dress code — they all seem to be wearing the same type of outfits. Finally, after the tensions in Paris, the estate seems a refuge for the characters, a place where they feel somehow safe and 'at home'.

La délinquance

Un autre thème très **flagrant** de ce film est la délinquance juvénile. Les jeunes de la cité sont souvent filmés en train d'**enfreindre la loi** en trafiquant de la drogue, en insultant la police ou en prenant part **au marché noir**. Cette délinquance intensifie les tensions entre ces jeunes et la police et à de nombreuses reprises dans le film le téléspectateur est témoin de violentes altercations entre les forces de l'ordre et les habitants de la cité. Mais qu'ont-ils à faire ces jeunes dans la cité ? La vie dans la cité les incite-t-elle à commettre ces délits et à les pousser dans cet engrenage dont ils ne peuvent s'échapper ? Est-ce parce qu'ils n'ont rien d'autre à faire qu'ils **font des bêtises** ? Dans le film les jeunes ne font rien, sont assis, silencieux, **trainent** dehors entre potes et fument des joints. Les personnages ne travaillent pas et ils semblent que les autres non plus. Mathieu Kassovitz a tourné de nombreuses scènes qui montrent des jeunes inactifs, comme celle chez Vinz où il fume dans sa chambre ou encore celle où ils sont assis dehors et ne disent rien. **Les cages d'escaliers** se transforment en lieu de rendez-vous et la drogue apparait comme la seule échappatoire momentanée mais aussi un moyen pour se faire de l'argent et survivre.

▲ Boredom depicted in the film

Watching the film, you couldn't fail to notice how the feelings of boredom and exclusion contribute to the wrong choices these youths are making; nor could the viewer ignore the vicious circle the youths are trapped in. There is nothing for them to do on the estates, no cinemas, no shops, no community centre — even the school has burnt down. Hubert felt let down when he discovered that his gym had been destroyed. With nothing meaningful to do, the characters find other ways of passing the time.

There is another recurrent aspect of the film that serves to highlight this boredom — we see several scenes in which the youths tell stories or jokes. These scenes focus on the storytelling or joke-telling and portray the characters, outside, doing nothing, surrounded by the vastness of the estate. Often it is very quiet, which further emphasises the sense of boredom. Moreover, it is important to notice that youths of all ages are affected. For instance, in various scenes we see a young boy with the three main characters.

Delinquency, in the form of drug dealing and black market activities, is another feature of life on this estate. Drugs bring a momentary escape but also bring in money. Drug trafficking and dealing appear as one of the only 'acceptable' ways to earn money. Drug dealing, for instance, helps Hubert bring money back to his mum to support his family. The character of Darty (the name of a store in France) highlights the black market and the type of activities that people on the estates get involved in in order to make ends meet.

In an interview, commenting on the estate where he shot the film, Mathieu Kassovitz said:

> It was not bad but it was simply an estate, which means that 80% of the population and 100% of the youths have nothing to do. They do

Build critical skills

« Le syndrome du porche ». Expliquez avec vos propres mots ce que Mathieu Kassovitz veut dire quand il fait référence au « syndrome du porche » pour parler des cités. Utilisez des exemples concrets du film pour illustrer votre réponse.

une bavure policière a police slip-up

désapprobateur (-trice) disapproving

dégouté(e) disgusted

vouvoyer to address someone using *vous*

un flic a police officer, a cop (informal)

not go to school any more, they have nothing, they are bored. It is the 'porch syndrome'. From the minute they wake up until they go to bed, they spend their time in the porch of a tower block and they wait, smoke, they smoke joints… They have nothing, no jobs, nothing…

(UniversCiné interview, http://tinyurl.com/zxp6ery; translated from the French)

La police

Il faut se rappeler que le film a été inspiré par des faits réels, ceux de la mort accidentelle d'un jeune homme du Zaïre à la suite d'une **bavure policière**. Dans une interview, Mathieu Kassovitz lui-même dit que *La haine* est « un film contre les flics et je voulais qu'il soit compris comme tel » et il a aussi dit :

…je me suis demandé comment on pouvait entrer dans le cercle vicieux de la haine : les jeunes qui insultent les flics qui insultent les jeunes qui insultent les flics…

À plusieurs reprises dans le film la police est représentée d'une façon négative. Une des scènes les plus mémorables est celle du commissariat pendant laquelle deux policiers prennent plaisir à molester et humilier Hubert et Saïd, sous le regard **désapprobateur et dégouté** d'un jeune policier stagiaire. Cette scène est, bien sûr, une référence directe aux bavures policières que Mathieu Kassovitz veut dénoncer.

Cependant Kassovitz a tout de même ajouté un aspect positif à cette image de la police avec le policier qui **vouvoie** Saïd à Paris mais aussi avec un **flic** gentil à l'hôpital. La scène avec le policier à Paris montre que Saïd n'est habitué qu'à un rapport de force avec la police dans la cité.

Through different techniques and different behaviours, Kassovitz depicts how he perceives the police. As he says in the same interview when talking about his vision of the youths and the police in the film: 'The vision of *La haine* is my vision, but it is not the only one and not necessarily a good one, but it is mine'. His portrayal leaves no doubt as to how Kassovitz perceives the French police and their role in the violence in the film. It is worth mentioning that when the film was shown for the first time at the Cannes Film Festival, the police on security duty there turned their backs on the cast and crew of the film.

We see police officers molesting the youths and police officers being portrayed as the enemy and the ones to avoid. There is a constant feeling of tension and violence which builds throughout the film. In the scene when the three police officers are walking through the estate and pass Vinz, Hubert and Saïd, the viewers feel a tangible tension even though the two sides do not communicate. The police are present on the estate and this gives a feeling of constant supervision and that something is brewing.

Key quotation

Comment ils sont polis les keufs ici, carrément il m'a dit "vous" et tout !
(Saïd)

Un arabe dans un commissariat il ne tient pas plus d'une heure.
(Saïd)

La violence

Dès les premières secondes du film nous sommes confrontés à la violence, celle de la police et des habitants de la banlieue. Plus le film avance plus la tension monte et plus la violence s'intensifie. La violence est présentée sous différentes formes et peut être explicite et implicite. **Ce qui frappe** tout au long du film c'est que la violence fait partie du quotidien de ces jeunes. Ils sont coincés dans cet **engrenage** de violence et ne peuvent pas s'en sortir.

La violence physique **saute** bien sûr **aux yeux** dans le film avec de nombreuses scènes représentant non seulement la violence entre la police et les jeunes, mais aussi la violence infligée par la police. La brutalité de la police est en effet dépeinte très ouvertement. Plus qu'une violence c'est une haine qui s'est installée entre les deux groupes et Hubert le remarque très bien.

Le pistolet est pour ainsi dire la représentation de cette violence mais également la cause de la violence dans plusieurs scènes. Par exemple, Hubert frappe le CRS puisque Vinz avait montré son arme.

Build critical skills

Montrez les aspects positifs et négatifs de la police comme présentés dans ce film par Mathieu Kassovitz. Selon vous, quel aspect prédomine le plus et pourquoi ?

ce qui frappe what strikes, is striking

un engrenage a vicious circle

sauter aux yeux to strike, to be obvious

▲ Failed attempt to steal a car in Paris

Violence in the film is not only physical; there is also another form of violence — verbal violence. The language the young people use is very aggressive. Even though they use bad language to speak to each other at times, abusive language also seems to be used as a way in which the youths think they can gain respect.

More generally, the youths use violence to make their way in an environment where the law of the jungle prevails. They believe they have to be strong, and hence violent, to get by in such a survival-of-the-fittest society.

Key quotation

J'suis d'la rue moi, et tu sais c'qu'elle m'a appris la rue à moi ? Elle m'a appris que si tu donnes ta joue, tu t'fais niquer ta mère et puis c'est tout !
(Vinz)

L'identité

Le thème de l'identité est présenté sous différentes formes — tout d'abord l'identité des banlieues et de la cité qui se distinguent de Paris. La cité apparait comme un monde à part avec ses propres problèmes mais aussi ses propres codes.

L'identité individuelle est aussi très forte avec, par exemple, Vinz qui veut ressembler à un gangster et Hubert qui se veut boxeur. Saïd, quant à lui, apparait comme **le blagueur**, celui qui ne prend rien au sérieux. L'individualité individuelle est très importante mais il existe cette image d'identité de groupe. Ces jeunes appartiennent aux cités et ont leurs **propres règles**, leur propre langage et il semble aussi qu'ils aient le même code vestimentaire. Ils font tous partie du même groupe et c'est pour cela que Saïd dit « un de nous » en parlant d'Abdel qui est à l'hôpital. Ce sentiment d'appartenance donne aux jeunes une raison d'être mais aussi **engendre** la violence.

le blagueur, la blagueuse the joker

des propres règles own rules

engendrer to lead to, to cause

la fracture sociale social divide

Yet this strong affirmation of identity emphasises the ***fracture sociale*** that exists on these estates. Classes are separated from one another and so are cultures. The youths are rebelling against society because they do not know where they belong. They are different to their parents, who were born in another country, and they are different to the generations of young people whose parents were born in France. These young people feel excluded from society and this aspect is clearly apparent in the film. Even though Hubert, Saïd and Vinz represent three different cultures, it seems that Saïd is the one who complains the most about this exclusion and the unfair and violent treatment that Arabs in France face. Racism is openly portrayed in the film, mainly that towards North African descendants, like Saïd. The scene in the police station in Paris is an obvious example but a number of Saïd's lines denounce it too. Racial problems and racist attitudes are a reality and the scene with the escalator in Paris highlights this.

Perceived identity is another aspect to be considered. The youths are from the estate and this is the label they carry around with them. They cannot escape where they are from. People make assumptions about the characters because they are from the estate. The scene with the journalists is one among many that highlight the perception people have of the youths.

What about women in the film? Two contrasting groups of women appear in the film: the women in the suburb and the women in Paris. In the suburb their identities are reduced to being someone's mother or sister; their roles and their identities are diminished. On the other hand, the women in Paris are more independent and emancipated.

La jeunesse

> On ne peut s'empêcher de remarquer que la plupart des personnages que nous voyons ont tout au plus une bonne vingtaine d'années. Comme Mathieu Kassovitz a décidé de se concentrer sur trois jeunes hommes, on peut comprendre qu'il veut montrer la vie dans les cités pour un certain groupe de personnes : les jeunes. En nous montrant leurs actions il veut dépeindre un tableau de la jeunesse dans les cités, perdue, **frustrée** et irrespectueuse. On voit aussi une jeunesse incapable de **communiquer** avec les adultes, que ce soit la police, le public ou les journalistes. Il semble que leur seul moyen de communiquer avec les adultes ou l'autorité soit par la violence physique et verbale. Notons en effet le langage très **grossier** que les jeunes utilisent quand ils s'adressent à la police. Bien que cette image irrespectueuse et perdue de la jeunesse soit présentée fortement dans le film, n'oublions pas que certains autres aspects plus positifs sont aussi présents tels que le respect pour la famille. En effet Vinz respecte sa grand-mère et Saïd sa sœur. De plus malgré son image de boxeur et de dealer, Hubert est aussi un personnage pacifiste et attentif aux besoins de sa famille À plusieurs reprises il tente de calmer Vinz et on le voit aussi aider sa mère.

Notice that we see very few older people, women or families in the film. Even when large crowds are seen, the vast majority of the people are young men or boys. Young women and girls are often shown indoors and excluded from the group.

The lack of role models for these young men is also very obvious in the film. Could this be perceived as a reason why the characters misbehave and make the wrong choices? The only role model as such in the film seems to be Saïd's older brother, Nordine.

The violence generated by the youths can sometimes be perceived as a means of showing their irrationality, their inability to control themselves. For example, in the scene in the hospital when the police officer tries to be nice to them, Vinz reacts violently. We feel that for the youths the only way to be and to assert themselves is to be violent and aggressive. They are all so caught up in poverty, drugs and negativity that they cannot see any other way of being.

Build critical skills

Regardez la scène des journalistes et la scène dans la galerie d'art. Que pensent les autres personnes des jeunes des banlieues ? Comment est-ce que les jeunes réagissent à cette perception ?

frustré(e) frustrated

communiquer to communicate

grossier (-ière) rude, impolite

1 Remplissez le texte avec les mots de l'encadré. Il y a deux mots en trop.

   1 Les banlieues nous apparaissent comme un ………. malsain mais il est aussi intéressant de noter que Mathieu Kassovitz nous en donne aussi une représentation ……….

   2 Bien que la police soit souvent montrée d'une façon ………. l'épisode de Saïd à Paris nous en donne une ………. image.

   3 Le thème de l'identité a ………. facettes comme celle de l'identité des banlieues, l'identité des personnages mais aussi l'identité des différentes ………. ethniques.

   4 On ne peut pas ………. de remarquer que l'utilisation du noir et blanc ………. le thème de la violence.

   5 À part la violence physique ………. dans le film il ne faut pas oublier que la violence verbale ………. à cette atmosphère négative.

omniprésente	s'empêcher
plusieurs	s'ajoute
positive	intensifie
autre	réaliste
environnement	diminue
minorités	négative

2 Choisissez la fin de phrase correcte pour résumer quelques idées du film et traduisez les phrases complètes en anglais.

   1 On ne peut pas s'empêcher de penser que les jeunes sont…

     A   …coincés dans un engrenage de violence.

     B   …très respectueux des forces de l'ordre.

     C   …en constante confrontation les uns envers les autres.

   2 En analysant les thèmes il faut se rappeler que…

     A   …tout est réel.

     B   …ils représentent la vision du réalisateur.

     C   …la représentation des banlieues a été exagérée.

   3 L'image des banlieues qui nous est présentée est…

     A   …totalement négative.

     B   …n'est pas que négative.

     C   …irréaliste.

   4 Le thème de la violence…

     A   …apparait seulement à travers la violence physique des acteurs.

     B   …apparait sous différentes formes.

     C   …n'est transmis que par le jeu des acteurs.

5 Dans l'environnement des trois personnages, c'est…
  A …la loi du plus fort qui compte.
  B …le respect qui règne.
  C …le chacun pour soi qui domine.

3 Répondez aux questions ci-dessous sur les thèmes du film en vous servant des débuts de phrases qui vous sont donnés.

1 En quoi est-ce que la cité est synonyme de violence ?
  Dans la cité on ne peut pas s'empêcher de remarquer la présence de…
  …………

2 Pourquoi est-ce que la police est-elle représentée d'une façon négative ?
  La police est représentée d'une façon négative puisque Mathieu Kassovitz voulait ……….

3 Comment peut-on expliquer la violence chez les jeunes des banlieues ?
  Pour les jeunes la violence est un moyen de ……….

4 Comment peut-on décrire l'identité de groupe dans les banlieues ?
  Dans *La haine*, l'identité du groupe se manifeste par ……….

5 La jeunesse décrite dans le film est souvent négative mais quels sont les aspects qui contredisent cette image ?
  Bien que les jeunes soient souvent violents, Mathieu Kassovitz nous les montre aussi ……….

6 Quel est le rôle de la drogue dans le film ?
  La drogue joue plusieurs rôles pour les jeunes. En effet elle est perçue comme une façon de ……….

Thèmes

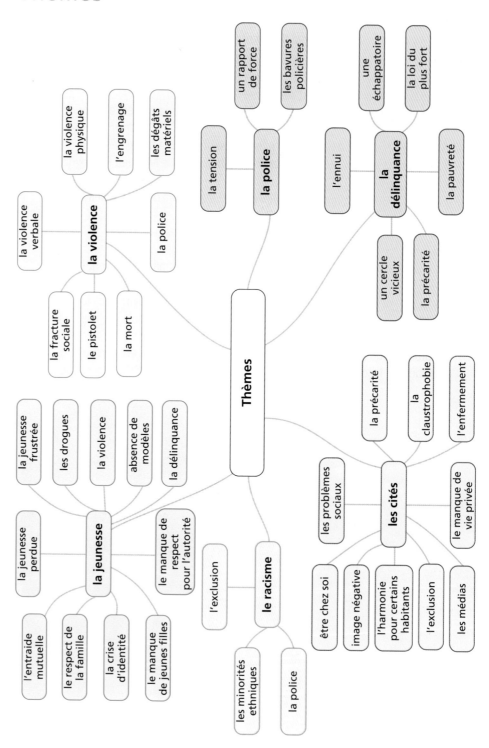

Vocabulaire

accentuer to emphasise

un blagueur, une blagueuse a joker

brulé(e) burnt down, burnt out

la cage d'escaliers stairwell

un cercle vicieux a vicious circle

commettre un délit to commit an offence

délabré(e) dilapidated

une échappatoire an escape

enfreindre la loi to break the law

engendrer la violence to generate violence

l'engrenage (m) spiral, vicious circle

faire des bêtises to misbehave

flagrant(e) obvious

les flics (m) police officers (informal)

les forces de l'ordre the police

fumer des joints to smoke joints

grossier (-ière) rude

incendié(e) burnt

insalubre unsanitary, dirty, in bad condition

juvénile youth, young

juxtaposé(e) next to

la loi du plus fort the law of the strongest, survival of the fittest

le manque de respect lack of respect

le marché noir the black market

opprimé(e) oppressed

le pistolet gun

un pote friend (informal)

la poursuite chase

se sentir chez soi to feel at home

témoigner to be a witness

témoin a witness

les toits (m) roofs

trainer to hang about (informal)

vouvoyer to use *vous*

Les personnages principaux

The three main characters are each introduced by means of a defining detail. We see three close-ups in the early scenes: graffiti signed by Saïd, Vinz's ring with his name on it and Hubert on a poster advertising a boxing match.

Hubert

une échappatoire a way out, a way of escaping reality

réfléchi(e) thoughtful

le pistolet gun

mûr mature

Hubert est noir d'origine africaine et vit avec sa mère et sa sœur. Hubert semble être le personnage le plus calme des trois amis. Il se passionne pour la boxe et on comprend qu'il avait essayé d'ouvrir une salle de gym pour les jeunes de la cité. La boxe pour lui est **une échappatoire**.

Le réfléchi

Hubert est très **réfléchi** ; on le verra dans un bon nombre de scènes essayer de calmer et raisonner Vinz. Hubert est en désaccord avec Vinz quand ce dernier lui montre qu'il a **le pistolet** qui a été perdu dans les émeutes. Hubert tente de faire prendre conscience à Vinz que la violence ne sert à rien et n'apporte que des problèmes. Dans la scène sur les toits il essaiera de dissuader Vinz et à Paris il lui dira « Si tu étais allé à l'école tu saurais que la haine attire la haine ».

Le réaliste

Il est le seul aussi à vouloir quitter la banlieue — on sent bien qu'il est mal à l'aise dans la cité et qu'il veut partir avant qu'il ne soit trop tard. Il est très **mûr** et lucide.

Le délinquant

Pourtant malgré ce côté posé et pacifique, on verra à plusieurs reprises un Hubert violent et agressif et un personnage qui prendra part au trafic de drogues. On comprend aussi Hubert qu'il a fait des bêtises car il dit à Vinz, lors de leur conversation sur les toits, « Je me suis arrêté à temps. »

▲ Hubert

It seems that, unlike his two friends, Hubert has a purpose in life. He has posters of sportsmen on his bedroom wall as role models. He understands that the environment he lives in is not good for him and that is why he says he wants to leave. Deep down, Hubert is a good person, but he is conditioned by his environment. It is important to notice what triggers his anti-social behaviour. For instance, when Hubert hits the police officer on the estate, it is to protect Vinz. When he smokes or deals drugs, it is to escape or to support his mum. He says this himself when Saïd remarks that he thought he had stopped smoking. Hubert says that is what he thought too. This is at the point in the film when Hubert has just discovered that his gym has been destroyed. 'Je croyais que tu avais arrêté le shit ?' — 'Je croyais aussi.'

His violence in the police station in Paris is obviously a reaction to being molested and humiliated by the police officer. In the art gallery, his very unusual behaviour could be explained as a reaction to his being labelled as being from the estate. It seems that, wherever they go, these young men have it written on their faces that they are from the estate. They react in the way people expect them to: violent, rude and anti-social. Yet Hubert could have decided to leave the gallery showing more respect.

Hubert understands that the estate is having a negative influence not only on himself but on everyone and that is the reason why he wants to leave. 'J'en ai marre, il faut que je parte d'ici.' We will also learn that Hubert has a brother in prison and this could be another reason why he is desperate for a better life. He sees the influence of the estate all around him. He tries to make Vinz realise that he is doing wrong but Vinz, stubborn and immature, doesn't listen to him.

Ironically, out of the three, Hubert is the one who uses the gun at the end of the film. His friend has just been killed and once more he is reacting to the situation.

Key quotation

J'en ai marre, il faut que je parte d'ici.
(Hubert)

TASK

Regardez la scène chez Hubert pendant laquelle il fume du cannabis et commentez en quoi sa chambre reflète sa personnalité.

Vinz

Vinz est juif et on le voit avec sa mère, sa grand-mère et sa sœur dans un tout petit appartement de la cité.

Le rebelle

Vinz est le rebelle de la bande et le plus agressif, non seulement dans ses gestes mais aussi verbalement. On le voit souvent **se fâcher** très vite et lancer des insultes très facilement. Il est **malpoli**, vulgaire et il semble ne pas pouvoir se contrôler. Il ne réfléchit pas aux conséquences de ses actions et dans de nombreuses scènes on le voit impétueux et arrogant. Il **fonce tête baissée** tel un animal à cornes.

Le gangster

Vinz veut se donner une image de gangster. Par exemple, dans la fameuse scène devant le miroir, il imite un gangster du film *Taxi Driver* ; ou encore dans la scène sur le toit il dit à Hubert qu'il veut aller en prison car il est le seul de la cité à ne pas y être allé. Pour lui le pistolet qu'il a trouvé pendant les émeutes est un moyen de prouver qu'il est un petit **caïd** et ce que lui dit Saïd renforce ce sentiment : « Avec un truc comme ça t'es le boss dans la cité. »

se fâcher to get angry

malpoli(e) rude

foncer tête baissée to charge on without thinking

un caïd a bad boy, a leader

➔

un(e) vantard(e) a braggard

frimer to brag, to show off

Le vantard

On comprend vite que Vinz n'est qu'**un vantard** et qu'il vit dans un monde qu'il crée. En effet on l'entend souvent **frimer** à propos de ses exploits ou se donner une autre image. L'épisode dans l'épicerie où Vinz va acheter un poivron pour sa grand-mère révèle cette ambivalence : le caïd de la cité a peur de rentrer chez lui avec un poivron d'une autre couleur puisqu'il craint la réaction de sa grand-mère.

▲ Vinz

Vinz wants to be a bad boy and he acts the part: he walks and dresses like one, he spits, he speaks very rudely. The influence of the American bad boy is obvious from the start with his oversized ring, the posters in his bedroom and the mirror scene. Yet fantasy could be the word that sums Vinz up. Throughout the film we see how much he lives through an identity he has created for himself. In this light, his various hallucinations — the cow, of course, but also the Jewish dancing in the scene when he is introduced or when he is imagining that he is killing a police officer — could be seen as a representation of his personality.

Yet we see the real Vinz on numerous occasions in the film. Even though he wants to be this violent and arrogant character, he is often caught out. For instance, in the scene when he is telling his friends about what he did during the riots he suddenly stops talking when he walks past the three policemen. Later on when the trio is trying to steal a car he is caught having lied about knowing how to drive. It is actually in Paris that we see his real personality: when he is out with the older boys we can clearly see that he is not at all comfortable with what they are doing and the scene with the skinheads truly highlights that he is all talk. Even though Vinz claims throughout the film that he wants to kill someone, in the end he is unable to do so.

It could also be argued that Vinz could be perceived as the archetype of the youths on the estate — violent, drug-taking, aggressive and with no aims.

> **TASK**
>
> Regardez la scène de la coupe de cheveux. Que pouvez-vous dire de Vinz ? Justifiez votre réponse en utilisant des références de la scène.

Saïd

Le rigolo

Saïd est sans aucun doute **le rigolo** du groupe, celui qui raconte des **blagues** et qui essaie de détendre l'atmosphère. En effet on entend souvent Saïd raconter des histoires et des blagues à ses amis comme celle de Batman, par exemple. Il est aussi le médiateur entre Vinz et Hubert et tentera à plusieurs reprises de calmer ses amis quand ils se disputent. Saïd apporte de la légèreté au drame de cette histoire. Juste avant les dernières scènes on l'entendra raconter une blague à Vinz à propos d'une nonne.

Le petit frère

Contrairement aux deux autres personnages on ne sait pas grand-chose sur sa famille. On voit bien sûr son frère Nordine et on aperçoit sa sœur brièvement. On apprendra aussi qu'il vit dans une famille assez stricte quand Samir lui dit qu'il l'a sorti de prison pour son frère et quand il craint que ses parents vont l'"**égorger**".

le rigolo the joker
les blagues (f) jokes
égorger to cut someone's throat

Despite his jokey traits, Saïd is very similar to Hubert and Vinz — rude and aggressive. Yet we could say that his aggression is less pronounced. We hear him being very rude throughout the film but we don't see him being physically violent.

Another aspect to explore about Saïd is that he appears to be the only one who shows a lack of respect towards women. On several occasions we hear Saïd talk about women in a derogatory way. The scene in Paris highlights this trait; it doesn't take him long to start being rude and disrespectful to the two women. Yet when it comes to his family, Saïd becomes very defensive when someone refers to his sister.

Saïd can be seen as representative of the Muslim community on the estate and through him we can understand the discrimination and the poor treatment he experiences as examples of what other second- or third-generation immigrants from North Africa go through. In the police station Saïd is racially abused and also when he speaks to a taxi driver in Paris he is questioned about being called David. Saïd later comments to Samir, 'Un arabe dans un commissariat il ne tient pas plus d'une heure.'

GRADE *BOOSTER*

Make sure that you always try to see two sides of a character and analyse the messages the director wants to convey.

The trio

It is interesting to note that each of the three main characters represents an ethnic minority living on the estate. Vinz is Jewish, Saïd is Muslim of Arab origin and Hubert is black African. Some may argue that this is an improbable trio and would say that their friendship has been created specifically to represent and encapsulate life on a typical estate. Others, however, may see in this trio a universal representation allowing all viewers to identify with the film.

Even though Vinz, Hubert and Saïd are different and each has his own identity and culture, the characters share common traits and can be seen as a unity. The three men are the products of their environment, living on the estate and sharing the same problems. They are affected by the same 'representation' and wherever they go they can't help but be labelled as being from the estate.

TASK

Trouvez une scène qui souligne bien les différences et les similarités de ce trio et expliquez pourquoi.

GRADE *BOOSTER*

```
It is essential to form and understand links between
the characters. Some links will be obvious but it is
also important to try to match other characters in the
film and reflect on their relationships or what they
represent.
```

la hiérarchie hierarchy

Build critical skills

Dans le film un jeune garçon est souvent en compagnie de Vinz, Hubert et Saïd. On voit également de jeunes enfants jouer autour des voitures brulées. Comment pouvez-vous interpréter la présence des enfants dans le film ?

Les personnages secondaires
Nordine, le frère aîné de Saïd

Nordine n'apparait que dans la scène sur le toit mais ce personnage introduit certaines idées principales du film. Il est le seul à pouvoir se faire respecter par les jeunes. Le thème de l'autorité et du respect est récurrent dans le film et Nordine nous confirme que dans les cités règne **une hiérarchie** : seuls les plus âgés du groupe peuvent se faire respecter. Les jeunes sur le toit n'obéissent pas à la police pourtant Saïd, Hubert et Vinz obéiront aux ordres de Nordine de descendre du toit.

Although he is not physically present, Nordine is referred to in the scene in the police station on the estate. Samir, the police officer, suggests that Nordine would have been angry and reacted badly to the fact that Saïd had been taken to the police station. There is also a mention of pride. These few lines highlight that respect and pride are very important in Saïd's family, and also suggest that the older brother acts like the parental figure.

Samir, le policier

Samir apparait dans quelques scènes ; Samir est de la cité et également agent de police. Dans la scène de l'hôpital il est là pour aider Vinz et Hubert qui étaient sur le point de se faire arrêter. Puis il les conduit au commissariat de la cité pour aller chercher Saïd qui vient de se faire incarcérer. Dans la voiture il tente de faire prendre conscience à Vinz que la police est là pour protéger les jeunes mais Vinz ne veut rien entendre. Samir est très **autoritaire** et ferme avec les jeunes.

Bien que Samir fasse son travail de policier, on ressent qu'il est là pour aider tous ces jeunes à s'en sortir et on a l'impression qu'il veut être comme leur grand frère qui leur montre **le droit chemin**.

autoritaire
authoritarian

le droit chemin the right track, the straight and narrow

Samir is an interesting character as he straddles both worlds — he is from the estate and he is a police officer. He tries to make Vinz, Hubert and Saïd realise that the police are not against the youths. In one person, Kassovitz has encapsulated the two main conflicting themes: the estate and the police.

He has also used Samir's character as a way of showing the police in a more positive light, not only by having someone from the estate being with the police but also by presenting a police officer who is understanding and helpful.

Samir may be perceived as a role model for these youngsters — someone they can aspire to emulate. Indeed, despite being from the estate and from a different culture, as an officer, Samir has succeeded in finding a job and is respected by his peers.

We could also see in him another male figure who tries to educate the younger ones. In a similar way to Nordine, Samir displays authority over the youngsters. Whether Vinz listens or not is another matter but we can see that Samir uses his authority and wisdom to try to help Vinz, Hubert and Saïd.

TASK
Regardez la scène du commissariat et montrez comment le téléspectateur comprend que Samir est de la cité.

Notre-Dame

Notre-Dame est un agent de police et il intervient pour la première fois dans la scène sur les toits. Notre-Dame est ce qu'on appelle **un policier en civil** puisqu'il ne porte pas d'uniforme. Son rôle prend toute son ampleur dans la scène finale du film puisqu'il sera le policier qui va accidentellement appuyer sur **la gachette** et tuer Vinz. Cet incident reflète exactement ce que Kassovitz veut dénoncer dans son film — les morts accidentelles ou bavures policières.

un policier en civil a plainclothes police officer

la gachette the trigger

55

incarner to embody

le désarroi disarray, dismay

Build critical skills

Dans la scène à l'hôpital, quel est l'impact de la présence des médias sur ce qui est en train de se passer ?

TASK

Regardez la scène chez Vinz et commentez sur la représentation des femmes dans cette séquence. Justifiez votre réponse en utilisant des exemples concrets.

stéréotypé(e) stereotyped

la tâche ménagère household chore

Build critical skills

Dans la scène dans la galerie d'art, en quoi les femmes dans cette scène sont-elles différentes des femmes présentées dans la cité?

Les journalistes et les habitants de la cité

On voit deux autres groupes de personnages dans le film : les journalistes et les habitants de la cité.

Dans la scène avec les journalistes après les émeutes, les journalistes montrent cette relation qui existe entre les medias et les banlieues. Les journalistes sont là pour **incarner** les médias et pour nous montrer ce que recherchent les médias.

En ce qui concerne les autres habitants, à chaque fois que d'autres habitants de la cité apparaissent à l'écran, à part les jeunes, ce sont leurs réactions aux évènements qui sont à considérer. Ils incarnent en effet les victimes des problèmes sociaux dans les cités. Par exemple, au début du film un homme crie son **désarroi** à la fenêtre de son appartement ou encore les personnes dans l'épicerie qui se font agresser verbalement par Vinz.

Key quotation

On n'est pas à Thoiry ici.

(Hubert — Thoiry est un parc safari à Paris et Hubert dit que la cité n'est pas un zoo — on n'y vient pas pour admirer des spectacles et des animaux.)

Les personnages féminins

Il est important de noter que les rôles féminins sont quasi-inexistants dans le film à part les quelques personnages féminins qui sont la sœur, la grand-mère et la mère de Vinz, la mère et la sœur d'Hubert et la sœur de Saïd.

Quand les personnages féminins sont présents, leurs rôles sont très **stéréotypés**. Les femmes sont chez elles, occupées à faire des **tâches ménagères** comme la mère d'Hubert qui coud. Quant aux sœurs, on ressent une protection de la part des frères ; Vinz et Hubert se préoccupent de l'éducation de leurs soeurs et Saïd n'apprécie pas que sa sœur soit dehors avec ses copines. Il appréciera moins qu'elle parle à Vinz. Comme le dit Kassovitz dans un reportage, les filles dans les cités sont toujours les sœurs de quelqu'un.

We should focus on the way women are portrayed through Saïd. It seems that Saïd does not show any respect to women apart from those in his own family. He talks about women as sexual objects and in a disrespectful way. When Saïd speaks to the two young women in the art gallery he is rude and vulgar even though the women do show some respect to him.

1 Écrivez une liste d'adjectifs pour décrire les personnages suivants.

Vinz — Hubert — Saïd — Nordine — Samir

2 Pour chaque personnage — Vinz, Hubert, Saïd — écrivez une phrase présentant deux côtés différents de leur personnalité.

Exemples de phrases :

*D'un côté on pourrait dire qu'**Hubert** est .... cependant de l'autre côté on peut aussi le considérer comme ....*

Bien que, d'un côté .... soit .... de l'autre côté il apparait également ....

GRADE *BOOSTER*

```
Make sure that you use varied and rich language in
your answers. Adjectives are a good way to embellish
your French.
```

3 Écrivez un adjectif pour chaque personnage dans les scènes suivantes. Servez-vous du vocabulaire des pages 60-61.

1 Dans la scène avec les journalistes Saïd apparait ....
2 Dans la scène pendant laquelle Vinz montre qu'il a trouvé le pistolet, il est ....
3 Dans la scène du miroir on voit un Vinz assez ....
4 Dans la scène avec sa mère on voit le côté .... d'Hubert.
5 Dans la scène dans laquelle Vinz achète un poivron, on s'aperçoit que Vinz est .... envers sa grand-mère.
6 Dans la scène de la coupe de cheveux c'est le côté .... de Vinz qui ressort.

4 Les personnages et l'idée de respect

Formez cinq paires de personnages, par exemple Vinz et sa grand-mère, et en vous servant des phrases de l'activité 3 écrivez des phrases dans lesquelles vous exprimerez si les personnages se respectent ou pas.

Exemples de phrases :

Dans la scène avec.......... / dans.......... / dans laquelle..........

..........ne respecte pas / ....n'a aucun respect pour.......... / ....respecte.......... / ....montre du respect à.......... / ....manque de respect à.......... / on voit une relation basée sur le respect entre.......... et..........

57

Exemple :

Dans la scène dans la voiture de police on voit qu'Hubert a du respect pour Samir.

5 Les personnages et leurs actions

Pour chaque personnage dans la scène donnée, écrivez ce que le personnage *aurait dû ou n'aurait pas dû faire*. Quelles conséquences leurs actions ont-elles eues ?

Exemple :

Dans la chambre de Vinz, Saïd n'aurait pas dû insulter la sœur de Vinz puisque cela renforce son caractère malpoli.

1 Dans la galerie d'art Hubert .... les gens puisque cela montre son côté ....
2 Dans l'aire de jeux Saïd .... de sexe puisque cela montre qu'il ne respecte pas ....
3 Dans la scène des journalistes notre trio .... puisque cela leur donne une .... image.
4 Dans la scène sur le toit le petit garçon .... des cailloux sur le maire puisque cela renforce l'image .... des jeunes banlieusards.

GRADE BOOSTER

Don't forget to use complex grammar in your work.
Tenses are a good way to show your language mastery.

---

6 Répondez aux questions suivantes en français.
1 Quel est, selon vous, le personnage principal du film et pourquoi ? Est-ce Hubert, Vinz ou Saïd ? Justifiez votre réponse.
2 Comment peut-on décrire la représentation des femmes dans la cité ? Justifiez votre réponse.
3 Quels sont les différents groupes de personnages qui sont présents dans le film ?

Les personnages

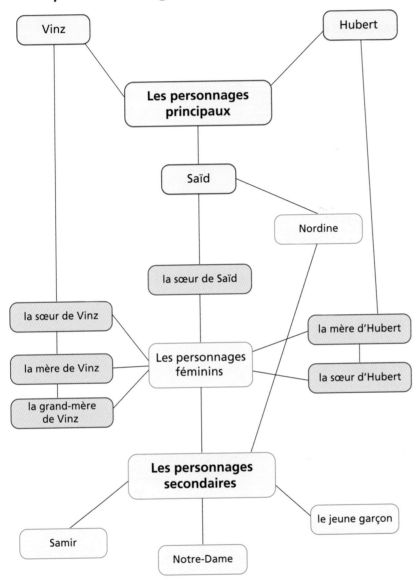

Vocabulaire

être à l'aise to feel comfortable

être mal à l'aise to feel uncomfortable

appuyer sur la gachette to pull the trigger

l'archétype (m) archetype

en avoir marre to have had enough

une bague a ring

un caïd a bad boy, a leader

compréhensif (-ive) understanding

déclencher to trigger

le droit chemin the right track, the straight and narrow

une échappatoire an escape, a way out

se fâcher to get angry

se faire arrêter to be arrested

faire des bêtises to misbehave

le fantasme fantasy

ferme firm

frimer to brag, to show off

fumer du shit to smoke cannabis

grossier (-ère) rude

impétueux (-euse) impetuous

juif (juive) Jewish

lucide clear-headed, realistic

malpoli(e) rude

mûr (mure) grown-up

obéir to obey

pacifique pacifist

le personnage principal main character

le personnage secondaire secondary character

la personnalité personality, traits

un policier en civil a plainclothes police officer

posé(e) calm

raconter des blagues to tell jokes

réfléchi(e) rational

rigoler to have a laugh

le rigolo joker

sage wise

la sagesse wisdom

le shit cannabis

s'en sortir to do well

un tag a piece of graffiti

taguer to graffiti

têtu(e) stubborn

un(e) vantard(e) a braggard

se vanter to boast, to brag

In his film Mathieu Kassovitz has taken great care and a considerable amount of time to think his scenes through. As he wants the scenes to express certain ideas, the techniques he has used are critical to understanding the story.

Note that this more technical chapter is written in English. Important terms are marked in bold in the English text, and the French equivalents are provided as key vocabulary in the margins. You will need to know the French for these technical terms to use in your exam.

La structure du film

l'horloge (f) clock

la scène finale final scene

le leitmotiv leitmotiv

une séquence, un enregistrement footage

The film follows one day on an estate and this is reinforced by the presence of the **clock** on the screen. The structure is clear and simple.

- The first few scenes introduce the themes of the film, with the footage of riots on the estate, and the characters. We see Saïd first, then Vinz and finally Hubert. The scenes that introduce the characters focus on their particularities. For instance, we see Saïd adding his name to some graffiti he has just written on the back of a police van, Vinz is in his bedroom dreaming and Hubert is in his boxing gym.
- The body of the film presents the vicious circle the young people are trapped in and which will lead to the **final scene**.
- The final scene will conclude on what the whole film revolves around. The **leitmotiv** of the film is then repeated again. 'It is the story of a society that…'

Kassovitz uses real **footage** to add to the realism of his film and this real footage is used a number of times in the film — the riots happening, Abdel in hospital and towards the end we hear about the death of Abdel.

La langue

In order to recreate the reality of the suburb Mathieu Kassovitz uses a different language register — the language spoken by young people. We therefore hear a lot of *verlan* (backwards language) in the film. *Verlan* is used only by the young people, while other people use standard French. See pp. 12–13 in the social and historical context chapter for more information about *verlan*.

The language is at times very rude and this reinforces the feeling of violence. We hear the young people insulting the police and older people. There is no respect and this use of language portrays that.

The way that Saïd sometimes talks about girls and women makes us feel quite uncomfortable. He uses degrading language to refer to his relationships with women.

TASK
Recherchez des mots en verlan sur internet et essayez de les repérer dans le film.

The *vous* and the *tu* forms are used effectively in this film to reinforce the feeling of respect or lack of it.

Les techniques visuelles

Le noir et blanc

Black and white is used throughout the film — a technique that intensifies the dramatic aspect of the **plot**. It also contributes to the way Mathieu Kassovitz wanted to represent life on an estate. This choice of technique attracts the viewer's attention and highlights the importance of the director's messages.

In an interview, Mathieu Kassovitz emphasised that he didn't want to make a hip-hop film. On the contrary he wanted to make **a piece of art**, he wanted to add an artistic feel to his work, to make people think and reflect. The use of black and white serves that purpose well. The viewer is drawn into the plot and realises that there is something to think about.

Black and white also makes the issues in this film timeless. Even though the film was shot in 1995 we still feel the relevance of the issues raised and we still feel compelled and drawn in by the three characters.

> **TASK**
> Dans le DVD paru en 2005 pour les dix ans du film on trouve un entretien avec Mathieu Kassovitz. Écoutez-le et notez ce qu'il dit sur les techniques du film.

L'éclairage

A number of scenes are **shot** at night or in darkness and this choice amplifies the gravity of the action. For instance, when Vinz shows his friends that he has the gun the scene is shot in a very dark place, underground. The gloomy atmosphere adds a **dramatic** aspect to the scene. Later, when the trio are in Paris, they spend the night there and the scenes are shot with dimmed light and in obscurity. The lack of luminosity seems to intensify the severity of what happens in Paris.

> **Build critical skills**
>
> En utilisant le noir et blanc Mathieu Kassovitz veut faire réfléchir le téléspectateur. Quel est l'effet du noir et blanc sur vous ? Que pensez-vous des points décrits dans cette section ? Êtes-vous d'accord ou pas ?

Key quotation

Téma la vache !

(Vinz; see p. 94 of the Top ten quotations chapter for an explanation)

l'intrigue (*f*) plot
une oeuvre d'art a piece of art

tourner to shoot (a film)
dramatique dramatic

▲ Director Mathieu Kassovitz on the set of *La haine*

Les techniques cinématographiques

There are virtually no **special effects** in this film due to the low budget. We can, however, see distinctive camera techniques in *La haine*.

Les mouvements de caméra

les effets spéciaux
(*m*) special effects

le travelling travelling

la caméra camera

Travelling is used to draw our attention to something. For instance, in the scene underground when Vinz shows the gun, the director uses a very fast travelling **camera** to draw our attention to it. Also when Vinz, Hubert and Saïd have just arrived in Paris we see another fast travelling camera headed towards our trio, with Paris in the background. This is to show us the transition between the two places — the estate and Paris.

Les séquences longues

les séquences longues (*f*) long sequences

les grands angles (*m*) wide angles

les plans panoramiques panoramic shot

le réalisme realism

On several occasions the director uses **long sequences**, **wide angles** and **panoramic shots** to show our characters in their surroundings, in their everyday life on the estate. Long sequences are used to depict life on the estate as it is in reality. We see long scenes where our characters are doing nothing, telling jokes, smoking, sitting around. Mathieu Kassovitz is indeed reflecting everyday life for these youngsters. We feel their boredom and share the inactivity of the characters. We sit there with them, listening to pointless jokes or waiting for something to happen.

By using one continuous shot throughout a scene, Kassovitz maintains the momentum of the action and the energy of the characters. We are drawn into the action more and **realism** shines through more.

L'horloge : le temps qui passe

The clock used throughout the film further emphasises this aspect of time passing when nothing really happens. The action starts at 10 h 38 and finishes at 6 h 01 the next day. However, the clock also plays an important role in the plot as it adds to the feeling that something is going to happen, like a ticking bomb.

Les gros plans

le gros plan close-up

We see numerous **close-ups** in the film and each time these close-ups draw our attention to something significant in the plot. For instance, the close-up on Vinz's ring highlights the fact that he wants to be seen as a 'gangster'; the graffiti that Saïd writes on the police van at the start of the film highlights his views of the police, while at the same time, of course, serving to introduce his name; the close-up of another graffiti on the door when the young people are being chased by the police indicates how they feel about the police; and the close-up on the trainee police officer reinforces what he is thinking about the whole scene.

La caméra sur l'épaule / à la main

In order to make us feel more in the heart of the action, Mathieu Kassovitz uses a **hand-held camera** at times to shoot the scenes. The viewer feels more drawn into this action. It is almost as if we are there with the characters as we follow them during one day of their lives. We see this hand-held technique in the scene on the roof where we really feel we are part of the group. It is also used when the young people are being chased in the basement on the estate and it makes us feel claustrophobic and part of the chase.

La bande sonore

We hear many different sounds in this film and each one of them contributes in some way to conveying the director's ideas. We hear a clock ticking, police sirens wailing, explosions, gunshots, doors slamming — but also silences.

La musique

The choice of music played in the film is not insignificant. It plays a part in the message conveyed in the scenes and in the film as a whole. For instance, the first song that we hear is a Bob Marley song and the lyrics are powerful. The words reflect what the young people feel: what do they have to do to be heard before they start burning and looting. Here, music is used to set the **tone** of the scene and convey a particular message.

Le son

In a commentary about his film, the director mentions that he used two sound techniques — **mono** and **stereo**.

On the estate, stereo sound is used to capture the **atmosphere** and what happens in the background and in the foreground. We hear our characters talking but we also hear background noise.

In Paris, on the contrary, Kassovitz uses mono sound with only one central speaker. The director wanted to make us feel that the characters didn't connect with this environment. We just hear the characters, not what is happening around them.

Les silences

Silence is sometimes even more powerful than words and this is used effectively in the film. For instance, the last scene when we see Saïd's face lit up by the police car's light is very dramatic. We sense the gravity of what has just happened. Silences in the film really contrast with the violence, which is portrayed with loud noises, gunshots and insults.

la caméra à la main / sur l'épaule hand-held camera

GRADE BOOSTER

Always use technical terms when you refer to the techniques and remember to identify the effects on the viewer and on the plot. In developing your arguments, consider whether the techniques are effective or not.

le ton tone

la bande sonore soundtrack

en mono in mono

en stéréo in stereo

l'atmosphère (f), **l'ambiance** (f) atmosphere

Build critical skills

Mathieu Kassovitz a tourné de nombreuses scènes dans lesquelles le silence règne. Quel est, selon vous, l'impact de ces silences sur le téléspectateur ?

1 Reliez les termes de techniques cinématographiques aux définitions :

1 le gros plan   a Cela donne une vue d'ensemble.

2 les séquences longues   b C'est la façon dont la lumière est utilisée.

3 la bande sonore   c Ce sont des scènes qui durent longtemps et qui ne sont pas coupées.

4 le registre   d C'est quand la caméra se concentre de très près sur un détail.

5 l'éclairage   e C'est la façon dont les personnages parlent.

6 le plan panoramique   f Ce sont les différents sons utilisés dans le film.

2 Maintenant utilisez les termes techniques de l'activité 1 pour remplir les phrases ci-dessous.

1 .... est porteuse de messages ; les chansons par exemple sont très significatives.

2 Quand on voit Vinz pour la première fois Mathieu Kassovitz l'introduit en faisant .... sur sa bague.

3 .... sont utilisés **à bon escient** pour nous montrer le quotidien dans les banlieues.

4 Afin de nous faire vivre l'action, Kassovitz a recours à de nombreuses ....

5 Les trois personnages principaux utilisent .... très vulgaire ce qui renforce leur milieu social.

6 Utilisé **sciemment**, ... joue un rôle important dans la trame du film.

3 Quelles techniques sont utilisées dans les scènes suivantes ? Écrivez les techniques en français.

1 la scène des journalistes

2 la scène dans les caves pendant la poursuite

3 la scène devant le miroir

4 la scène du DJ

5 la scène dans les toilettes à Paris

6 la scène dans la galerie d'art

4 Regardez l'exemple ci-dessous et écrivez des phrases similaires. Il faut utiliser la structure *en + participe présent*.

Exemple :

utiliser un gros plan — des détails importants
En utilisant un gros plan, Mathieu Kassovitz montre des détails importants.

1 employer des séquences longues — la réalité de la vie dans la cité

2 avoir recours à la camera à la main — le cœur de l'action

**à bon escient,
sciemment** wisely; as
it should be

3 choisir un registre vulgaire — le langage des banlieues

4 inclure l'horloge sur l'écran — le temps qui passe

5 tourner le film en noir et blanc — l'importance de ses idées

5 Répondez aux questions suivantes en français. Utilisez les débuts de phrases qui vous sont donnés.

1 Pourquoi est-ce Mathieu Kassovitz a utilisé le noir et blanc ?

Mathieu Kassovitz a utilisé le noir et blanc pour… / En utilisant le noir et blanc, Mathieu Kassovitz veut nous montrer…

2 Pourquoi est-ce que les séquences longues sont efficaces du point de vue narratif ?

Les séquences longues sont efficaces puisqu'elles renforcent l'idée de… / En employant des séquences longues, Mathieu Kassovitz veut nous dépeindre…

3 En quoi les chansons du film sont très évocatrices ?

Les chansons évoquent… / En choisissant ces chansons, Mathieu Kassovitz veut nous montrer…

4 Quelles techniques est-ce que Mathieu Kassovitz utilise pour montrer le contraste entre la cité et Paris ?

Pour montrer le contraste entre la cité et Paris, Mathieu Kassovitz a recours à… / En ayant recours à…Mathieu Kassovitz nous montre le contraste entre Paris et la cité.

Techniques

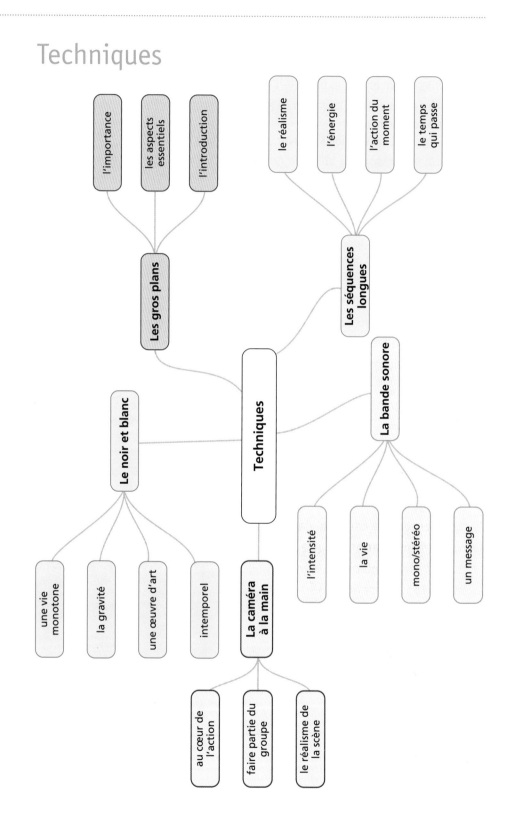

- l'importance
- les aspects essentiels
- l'introduction

Les gros plans

- le réalisme
- l'énergie
- l'action du moment
- le temps qui passe

Les séquences longues

La bande sonore

Le noir et blanc

Techniques

- une vie monotone
- la gravité
- une œuvre d'art
- intemporel

La caméra à la main

- l'intensité
- la vie
- mono/stéréo
- un message

- au cœur de l'action
- faire partie du groupe
- le réalisme de la scène

Vocabulaire

l'absence (f) **de** lack of

la bande sonore soundtrack; sounds

le cadrage framing

le choix de choice of/to

la contre plongée view from below

dehors / à l'exterieur outside, outdoors

l'éclairage (m) lighting

l'écran (m) screen

les endroits (m) places, locations

un enregistrement footage

filmer to shoot

le grand angle wide angle

la gravité seriousness

un gros plan a close-up

à l'interieur inside, indoors

la langue language

le lieu de tournage location

les lieux (m) places

les séquences longues long, continuous sequences

le manque de lack of

le montage editing

le mouvement de caméra camera movement

le mouvement panoramique panning

le noir et blanc black and white

l'obscurité (f) obscurity, darkness

un plan, une prise de plan a shot

un plan d'ensemble/général a long shot

un plan panoramique a panoramic shot

le réalisateur director

recourir à to use

avoir recours à to use

la scène finale final scene

les séquences (f) shots

le son sound

survoler to fly over

les techniques cinématographiques (f) film techniques
les techniques visuelles visual techniques
le tourné shot
tourner un film to shoot a film
le travelling camera tracking, travelling
une vue de dessus a bird's-eye view
un zoom a zoom
zoomer to zoom in

Planifier votre dissertation

Planning is an important part of your examination time. As a rough guide you should spend about 10 minutes planning your essay, 50 minutes writing it and 5 minutes checking it.

A well-planned essay makes points clearly and logically so that the examiner can follow your argument. It is important to take time to devise a plan before you start writing. This avoids a rambling account or retelling the story of the work you are writing about. The following points may help you to plan your essay well:

- Read the essay question carefully. Make sure you have understood what you are being asked to do rather than focusing on the general topic.
- From the outset it is sensible to plan your essay in the target language. This will prevent you writing ideas that you are not able to express in the target language.
- Focus on the key words. For example, you may be asked to analyse, evaluate, explore, explain. Look for important key words such as *examinez*, *analyser*, *jusqu'à quel point*…
- Select the main point you want to make in your essay and then break this down into sub-sections. Choose relevant information only. Avoid writing an all-inclusive account which occasionally touches on the essay title.
- Decide on the order of the main ideas which become separate paragraphs. Note down linking words or phrases you can use between paragraphs to make your essay flow as a coherent and logical argument.
- Select one or two relevant and concise quotations which you can use to illustrate some of the points you make.
- Think about the word count for the essay. The examination boards stipulate the following word counts:

	AS	A-level
AQA	Approximately 250 words	Approximately 300 words
Edexcel	275–300 words	300–350 words
WJEC	Approximately 300 words	Approximately 400 words
Eduqas	Approximately 250 words	Approximately 300 words

- Consider how many words to allocate to each section of your essay. Make sure that you give more words to main points rather than wasting valuable words on minor details.
- Finally, consider how to introduce and conclude your essay, ensuring that you have answered the question set.

A well-planned essay will have an overall broad structure as follows:

- **Introduction** You should identify the topic without rewriting the essay title. You should state your position on the issue.
- **Body of the essay** In several paragraphs you should give evidence to support a number of main points.
- **Conclusion** Here you should summarise your ideas and make a final evaluative judgement without introducing new ideas.

Écrire votre dissertation

Méthodes

Now you have to put flesh on the bones of the plan that you have drafted by writing a structured response to the essay question.

- Remember that you are writing for a person who is reading your essay: the content should interest your reader and you should communicate your meaning with clarity and coherence.
- It is important to be rigorous in sticking to your plan and not to get side-tracked into developing an argument or making a point that is not relevant to the specific essay question. Relevance is always a key criterion in the examination mark schemes for essays, so make sure that you keep your focus throughout on the exact terms of the question. Don't be tempted to write all that you know about the work; a 'scattergun approach' is unproductive and gives the impression that you do not understand the title and are hoping that some of your answer 'sticks'.
- It is important to think on your feet when writing an examination essay. If you produce a pre-learnt essay in an examination, in the hope that it will fit the title, you will earn little credit since such essays tend not to match what is required by the title and give the impression that you do not understand the question.
- If you are completing an AS examination, the question might, for example, require you to examine a character or explain the theme of the work. You will also have a list of bullet points to help you focus on the question. Make sure that you engage with these guidance points, but be aware that they do not in themselves give you a structure for the essay. At A-level you will normally have a statement requiring you to analyse or evaluate an aspect of the work.
- Since examination essays always have a suggested word limit, it is important to answer as concisely as you can. It should always be possible to write a meaningful essay within the allocated number of words.

La structure

1. L'introduction

The introduction gives you the opportunity to show your understanding of the work. It should be a single paragraph which responds concisely to the essay question. In a few sentences you should explain to your reader what you understand the question to mean, identify issues it raises and say how you are going to tackle them. Avoid statements in the target language that equate to 'I am now going to demonstrate…' or 'This essay is about…'.

2. Le développement

- This part will be divided into a number of interconnected paragraphs, each of which will pick up and develop the points raised in your introduction.
- Each paragraph should be introduced with a sentence stating what the paragraph is about.
- Make sure you follow a clear pathway through your paragraphs, leading to your conclusion. This requires skills of organisation, in order to ensure the smooth development of your argument. You should move from one facet of your argument to the next, linking them conceptually by, for example, contrast or comparison.
- Each paragraph will have an internal logic, whereby you examine a separate point, making your argument and supporting it with examples and quotations. For example, your essay title might lead you to examine the pros and cons of a statement, with the argument finely balanced. In this case you can dedicate one paragraph to discussing the pros in detail, another to the cons and a third to giving your decision on which view is the more persuasive and why.

3. La conclusion

Read through what you have written again and then write your conclusion. This should summarise your argument succinctly, referring back to the points you raised in your introduction. If you have planned your essay well, there should be no need to do anything other than show that you have achieved what you set out to do. Do not introduce new ideas or information.

La langue

- Linkage of the paragraphs is both conceptual, i.e. through the development of connected ideas in the body of the essay, and linguistic, i.e. through expressions which link paragraphs, sentences and clauses. These expressions are called 'connectives' and they work in various ways, for example through:
  - contrast — *au contraire, de l'autre côté, cependant…*
  - explanation — *ceci explique, cela montre…*
  - cause/result — *pour cette raison, donc…*

- additional information — *de plus, en outre, également, qui plus est…*
  - ordering points — *d'abord, en premier lieu, deuxièment, puis, ensuite, finalement…*
- When writing your essay, a degree of formality is necessary in your style. Be attentive to the register you use, especially the differences between written and spoken language. Avoid colloquial language and abbreviations unless you are quoting colloquial language from the work.
- It is important to learn key quotations from the work and to introduce them in order to support aspects of your argument. When quoting, however, be careful not to make the quotation a substitute for your argument. Quotations should illustrate your point aptly and not be over-long. Resist the temptation to include quotations that you have learned if they are not relevant to the essay question.
- In a foreign language examination, accurate language is always an assessment factor. Review your finished essay carefully for errors of grammar, punctuation and spelling. Check especially verb endings, tenses and moods, and adjectival agreements. You should employ a good range of vocabulary and include terminology related to film or literature (e.g. *les thèmes, les personnages, la trame, le dénouement, les scènes, la séquence…*).

For a list of useful connectives and film- and literature-related vocabulary, see pp. 77–79.

1 Objectif de l'exercice : utiliser les exemples pertinemment

Voici des détails du film. Quels aspects illustrent-ils ? Utilisez les expressions données pour former des phrases. Il va falloir adapter les structures, par exemple *de/du/des* ou ajouter *quand* ou *qui* (who) :

Le(s) meilleur(s) exemple(s) de / Un exemple de / Le(s) exemple(s) le(s) plus évident(s) de…est / sont sans aucun doute / bien sûr / pour moi / selon moi [quand]…

Exemple :

Le meilleur exemple de l'impact des techniques cinématographiques est sans aucun doute l'utilisation du noir et blanc pour tourner le film.

1 L'utilisation du noir et blanc pour tourner le film.
2 La scène avec les journalistes dans la cité et celle à l'hôpital.
3 On voit de nombreuses altercations entre la police et les jeunes.
4 Nordine, le frère de Saïd, souligne la hiérarchie du groupe.
5 La scène dans laquelle on voit la bague de Vinz ou celle de Vinz devant le miroir.
6 Hubert vend de la drogue pour se faire de l'argent et pour aider sa mère.

```
le trafic de drogues
le rôle des personnages secondaires
l'impact des techniques cinématographiques
les thèmes majeurs
les gros plans
l'impact des médias
```

2 Objectif de l'exercice : organiser ses idées

Reliez les bouts de phrase pour former des phrases complètes. Écrivez les phrases en entier.

1 Il faut aussi noter que les techniques cinématographiques…
2 Qui plus est, il faut prendre en compte l'importance…
3 Pour commencer, il faut noter qu'un des thèmes…
4 De plus, une autre facette du personnage d'Hubert…
5 En outre, une des techniques les plus efficaces…
6 Également, il ne faut pas oublier la représentation…

a …est l'utilisation de gros plans.
b …des personnages secondaires comme Nordine.
c …sont très efficaces.
d …qu'il faut considérer est celui de dealer de drogues.
e …les plus importants est celui de la violence.
f …des banlieues par les médias.

3 Objectif de l'exercice : former un argument efficace

Maintenant utilisez les phrases de l'activité 2, puis de l'activité 1, et joignez-les avec un mot ou une locution qui convient.

en effet   effectivement   comme le montre(nt)   sans aucun doute

Exemple :

Il faut aussi noter que les techniques cinématographiques sont très efficaces comme le montre l'utilisation du noir et blanc pour tourner le film.

> **GRADE** *BOOSTER*
>
> ```
> It is important that you use evidence from the film to
> support your argument. Your examples should be part of
> your paragraph and be used with a point, and not just
> stand on their own.
> ```

4 Objectif de l'exercice : former un argument efficace

Voici un exemple d'un paragraphe. Changez les détails entre parenthèses en fonction des thèmes donnés pour créer de nouveaux paragraphes.

Un des thèmes les plus importants est [le racisme].

En effet le film comprend de nombreuses scènes dans lesquelles on voit [des actes racistes], comme par exemple celle quand [Saïd et Hubert sont au commissariat à Paris]. Grâce à ces scènes Mathieu Kassovitz souligne [le traitement des immigrés en France].

1 la violence
2 les drogues
3 l'esprit de communauté

5 Objectif de l'exercice : planifier avant d'écrire

Pour chaque idée ci-dessous trouvez deux exemples concrets du film et l'effet de la technique. Puis écrivez des paragraphes en vous servant du vocabulaire donné ou celui des pages 77–79.

Question : Éxaminez les techniques du film dans *La haine*.

> **GRADE** *BOOSTER*
>
> ```
> When you plan
> your work,
> start with
> ideas that you
> can then expand
> on. Make sure
> that you have a
> point supported
> by examples
> from the film
> and that you
> develop each
> point.
> ```

Idée	Deux exemples du film	Effet des techniques ?
Mathieu Kassovitz utilise l'obscurité	*comme… lorsque/quand…. dans la scène dans laquelle…*	*cette technique souligne/ donne/renforce/ intensifie…*
Mathieu Kassovitz tourne à l'extérieur	*comme… lorsque/quand… dans la scène dans laquelle…*	*cette technique souligne/ donne/renforce/ intensifie…*
Mathieu Kassovitz utilise des séquences longues	*comme… lorsque/quand… dans la scène dans laquelle…*	*cette technique souligne/ donne/renforce/ intensifie…*

Vocabulaire utile pour composer une dissertation

Introduction

Dans cette dissertation j'ai l'intention de... In this essay I intend to...

Le film parle de... The film is about...

Au début de l'histoire / du film... At the beginning of the story / the film...

Le film se passe dans les années... / en... The film takes place in the years... / in...

L'action / Le film a lieu... / se déroule... The action takes place...

En premier lieu... / Tout d'abord... To start with... / First of all...

Mots utiles

l'acteur, l'actrice actor

l'action (f) action

la bande sonore sounds

la comédie comedy

le contexte (historique) (historical) background

le drame tragedy

l'éclairage (m) lighting

le film d'amour love film

le film historique historical film

le genre genre

le montage cut; editing

le mouvement de caméra camera movement

le plan shot

le réalisateur director

le rôle (principal) (main) role/part

le scénario screenplay

le scénariste screenwriter

la scène scene (of film)

le (télé)spectateur (television) viewer

le thème (principal) (main) theme

tourner un film to make a film

la tragicomédie tragi-comedy

Opinion

Je suis d'avis que... I am of the opinion that...

à mon avis in my opinion

selon moi / pour ma part in my opinion

Exemples

Un exemple typique/important / Un autre exemple A typical/ interesting example / A further example

L'exemple le plus important est peut-être... The most interesting example is perhaps...

Cet exemple / Cette scène illustre/montre que... This example / This scene illustrates that / shows clearly that...

La comparaison

comparé à in comparison with

au contraire on the contrary

contrairement à... in contrast to

d'un côté...de l'autre côté on the one hand...on the other hand

L'interprétation

On pourrait interpréter cet aspect... This could be interpreted as...

prendre en compte to take into consideration

en faisant référence à with reference to

On peut aussi ajouter... One can also mention...

à bien des égards in many respects

surtout especially

plus précisément more exactly

de plus / en outre / qui plus est furthermore / in addition

par dessus tout above all

La raison pour cela est... The reason for that is...

Pour cette raison, on peut dire que... For this reason one can say that...

Conclusion

sans aucun doute without doubt

d'après moi / pour ma part as I see it

Je suis convaincu(e) que... I am convinced that...

Nul ne peut nier/douter que... It can't be denied/doubted that...

dans l'ensemble on the whole

en général in general

au fond / en fait basically

Finalement, on pourrait dire que... Finally, it could be said that...

En guise de conclusion... / Pour conclure... In conclusion...

en résumé put briefly, in a few words

Il apparaît donc que... It therefore appears that...

Pour résumer on pourrait dire que... In summary one could say that...

à la fin du film at the end of the film

J'ai l'impression que... I have the impression that...

AS essays

Although a mark is awarded in the examination for use of language (AO3), all the example essays used here are grammatically accurate and the examiner comments focus on the students' ability to critically and analytically respond to the question (AO4).

Question 1

Examinez le personnage de Saïd dans *La haine*. Vous pouvez considérer les points suivants:

- ses traits de personnalité
- sa relation avec Hubert et Vinz
- ses origines

Étudiant A

La haine de Mathieu Kassovitz se déroule dans une cité et suit trois personnages, Hubert, Vinz et Saïd. Aux premiers abords les trois amis semblent similaires mais certains traits de caractère les distinguent. Je vais ici m'attarder sur Saïd et analyser son rôle dans l'histoire.

Saïd est sans aucun doute le rigolo du groupe. En effet on entend souvent Saïd raconter des blagues comme celle de Batman, par exemple. On pourrait dire que Saïd apporte de la légèreté à la gravité et morosité de son quotidien.

De plus on s'aperçoit que Saïd joue le rôle de médiateur entre Vinz et Hubert. En effet à plusieurs reprises comme dans la scène de la dispute entre Vinz et Hubert il tente de calmer ses amis. Ses deux amis sont assez intenses mais Saïd adopte une attitude plus résignée aux problèmes.

En outre, un autre aspect très significatif est l'origine de Saïd. En effet Saïd est d'origine maghrébine et il représente la communauté maghrébine des banlieues. À travers le personnage de Saïd Mathieu Kassovitz expose la discrimination et le traitement injuste dont les maghrébins sont victimes. En effet à plusieurs reprises dans le film Saïd commente sur la façon dont il est traité en faisant référence aux autres "arabes" comme « Un arabe dans un commissariat il ne tient pas plus d'une heure » ou « Tu veux être le prochain rebeu à te faire fumer dans un commissariat ? ». On comprend alors très bien ce que les maghrébins doivent endurer au quotidien.

En guise de conclusion, je dirais que Saïd est, pour moi, la représentation du peuple maghrébin vivant en banlieue. On pourrait aussi conclure que bien que Saïd soit un personnage principal je pense que son rôle est secondaire comparé à Vinz et Hubert qui sont des personnages plus charismatiques.

(300 mots)

Commentaires du correcteur

- Straight away we can see that this student has covered the bullet points equally (the third one is slightly longer, though) and has thought carefully about the structure of the essay with an introduction, three paragraphs and a conclusion.
- Each paragraph is self-contained, relating to the bullet given and supported by pertinent and well-selected evidence from the film. This may be quotes or scenes in the film.
- The evidence chosen shows that the student has a good understanding of the film and has selected the examples well.
- The student explains each point very well, which provides an effective development for each bullet point.
- The paragraphs are linked together and this gives a good flow to the essay.
- The personal comments in the conclusion show that the student has drawn their own conclusions about the characters and is being perceptive about this character. Not only does the student give another side of the character but they also demonstrate critical thinking about the character.
- The introduction and the conclusion are relatively short, which enables the student to develop their argument in depth.
- The language is specific, and the essay contains a range of grammatical structures and a good number of technical phrases that help the student shape the essay and the argument.
- Student A would receive a mark in the top band for AO4.

Étudiant B

Mathieu Kassovitz a tourné *La haine* dans une cité de la banlieue parisienne. Le film a plusieurs thèmes intéressants comme la violence, la police et les banlieues. Les trois personnages principaux s'appellent Vinz, Hubert et Saïd. Vinz est juif, Hubert est noir d'origine africaine et Saïd est d'origine maghrébine. Saïd est petit, a les cheveux courts et frisés et porte des vêtements de sport. On sait qu'il a une sœur et a un frère qui s'appelle Nordine. Comme les autres personnages Saïd est violent et est victime de la société. On va donc analyser le personnage de Saïd car il est intéressant.

D'abord, dans la cité Saïd raconte souvent des histoires et des blagues à ses amis. Il raconte par exemple une blague sur Batman et raconte d'autres blagues comme courir plus vite qu'une balle. Il parle beaucoup et il essaie d'oublier les problèmes de la vie avec son côté rigolo. Il fait rire ses amis aussi.

Aussi comme il est très rigolo on voit que Saïd calme Vinz et Hubert quand ils se disputent. Par exemple, il y a une scène quand Hubert et Vinz ne sont pas contents et Saïd essaie d'arrêter la dispute. Saïd n'est d'accord ni avec Vinz ni avec Hubert. Il ne prend pas de décision mais veut que ses amis arrêtent de se disputer. Par rapport à Hubert et Vinz, Saïd apparait moins révolté même s'il est violent comme eux.

Il ne faut pas oublier que Saïd est maghrébin et qu'en fait il représente tous les arabes surtout quand il dit « Un arabe dans un commissariat il ne tient pas plus d'une heure. »

En guise de conclusion, on peut dire que Saïd est un personnage important dans l'histoire et à mon avis il rend le film intéressant.

(295 mots)

Commentaires du correcteur

● We can see that Student B hasn't really thought carefully about the whole essay as it doesn't look balanced. This student uses a lot of the suggested word count in the introduction, which doesn't leave many words for the development.

- The student shows that they know the work but some examples are not very relevant here. When reading the introduction it feels like the student is writing everything they know about the character and other details that they have learnt. Some are appropriate, but given the suggested word count it is always best to select carefully what you are including.
- The three bullet points are addressed and the paragraphs are self-contained but they do not really examine the character. The student is describing the characters and including what they remember from the film instead of drawing conclusions. It is a mere description of the action.
- Due to a lack of careful planning the paragraphs are not addressed equally and the last bullet point is only two sentences long.
- There are some glimpses of analysis in this essay. However, the essay reads more like an account of Saïd's role in the film.
- The student has used a few set phrases to introduce some of the paragraphs. However, the language could be used more effectively to shape the essay.
- Overall the student shows that they know the film and have learnt some facts and examples, but they should have used their evidence from the work to support their points and to draw conclusions.
- Student B would receive a mark in the middle band for AO4.

Question 2

Examinez la scène sur les toits. Vous pouvez utiliser les points suivants :
- les lieux
- le rapport entre les jeunes
- le rapport entre les jeunes et la police
- l'importance de la scène

Étudiant A

La haine suit vingt-quatre heures dans la vie de trois banlieusards, Vinz, Hubert et Saïd. Pendant le film les trois compères se rendent dans de nombreux endroits qui sont tous très significatifs. Dans cette dissertation je vais m'attarder sur la scène sur les toits.

Tout d'abord l'endroit de cette scène est très intéressant puisqu'elle se passe sur les toits d'un immeuble. Vinz, Hubert et Saïd retrouvent d'autres habitants des cités sur un toit d'un immeuble où ils font un barbecue et y écoutent de la musique. Bien qu'inattendu ce lieu de rencontre est un véritable endroit convivial.

De plus ce qui saute aux yeux c'est que c'est un endroit où les jeunes de différents âges et d'origines diverses se retrouvent.

En effet on voit plusieurs jeunes d'origines diverses et des jeunes de différents âges et même des enfants. Grâce â cette scène on comprend que la cité est un endroit où les jeunes vivent en harmonie.

En outre avec cette scène on voit aussi la constante tension entre l'autorité et les jeunes. En effet l'harmonie des lieux et la joie de vivre sont rapidement interrompues par l'intervention de la police et les jeunes montrent bien qu'ils ne la craignent pas puisqu'ils insultent les policiers et refusent de leur obéir.

Finalement cette scène introduit d'autres aspects que ceux déjà mentionnés. En effet grâce à cette scène on apprend les intentions de Vinz quand il dit à Hubert qu'il veut aller en prison et on comprend aussi que la cité est basée sur une hiérarchie avec l'autorité du frère de Saïd. En quelques minutes et en une scène Kassovitz introduit des aspects importants de l'histoire.

Pour conclure on peut dire que malgré le côté négatif de cette scène avec l'intervention de la police, cette scène nous démontre que la cité est un lieu où cohabitent des cultures différentes et un endroit qui appartient aux jeunes. Ils se sentent chez eux dans cette cité.

(321 mots)

Commentaires du correcteur

- This is a well-balanced essay with each bullet point being addressed equally.
- Each paragraph is self-contained, relating to the given bullet and supported by pertinent and well-selected evidence from the film.
- The evidence chosen shows that the student has a good and detailed understanding of the film and has selected the examples well.
- There is evidence of perceptive understanding throughout the essay.
- The student explains each point very well, which provides an effective development for each bullet point.
- The paragraphs are linked together and this gives a good flow to the essay.
- The introduction and the conclusion are relatively short, which enables the student to develop their argument in depth.
- The language is specific, and the essay contains a range of grammatical structures and a good number of technical phrases that help the student shape their essay and their argument.
- Student A would receive a mark in the top band for AO4.

Étudiant B

La haine raconte l'histoire de Vinz, Hubert et Saïd qui habitent dans une cité parisienne. On voit les trois personnages dans plusieurs endroits mais un endroit qui est intéressant est la scène sur les toits.

Hubert, Vinz et Saïd sont sur les toits d'un immeuble et sont avec beaucoup de jeunes banlieusards. Sur le toit les jeunes écoutent de la musique, mangent et se relaxent. C'est très convivial.

Dans cette scène tous les jeunes sont amis et on voit aussi de petits enfants sur le toit. On fait aussi la connaissance de Nordine qui est le frère de Saïd. Nordine est strict et autoritaire.

De plus cette scène renforce les tensions et la violence entre les jeunes et la police quand un jeune garçon commence à insulter le maire. Ils jettent des cailloux sur le maire. La scène se termine avec l'intervention de la police. Les jeunes montrent bien qu'ils ne craignent pas la police puisqu'ils continuent de les insulter. Les policiers ne réussissent pas à faire descendre les jeunes et la police quitte le toit.

En fait cette scène est très importante car il y a beaucoup d'aspects importants dans l'histoire comme le manque d'endroits pour les jeunes dans la cité, la violence entre les jeunes et la police, l'harmonie entre les jeunes et l'harmonie entre les cultures.

Pour conclure on pourrait dire que bien que la scène soit violente, elle est positive aussi avec l'harmonie qui existe entre les jeunes et les cultures. J'ai trouvé la scène intéressante pour ces raisons.

(253 mots)

Commentaires du correcteur
- Student B shows a good understanding of the film.
- The four bullet points are addressed.
- The structure is clear with an introduction and a conclusion.
- The essay doesn't really flow as one essay — it is more like four answers to four bullet points.

- There is some analysis in this essay and some conclusions are drawn but the evidence is not always exploited well.
- The third paragraph has more depth, whereas paragraph 4 acts like a conclusion.
- Paragraphs 1 and 2 are too descriptive.
- Student B would receive a mark in the middle band for AO4.

A-level essays

Although a mark is awarded in the examination for use of language (AO3), all the example essays used here are grammatically accurate and the examiner comments focus on the students' ability to critically and analytically respond to the question (AO4).

Question 1

Analysez le rôle joué par le personnage d'Abdel dans ce film.

Étudiant A

Dans *La haine*, Abdel est le jeune banlieusard qui a été blessé pendant les émeutes et dont on parle au début du film. Bien que le personnage n'apparaisse pas dans le film, son rôle a pourtant beaucoup de signification. Il est donc important d'analyser la portée de ce personnage.

Tout d'abord, grâce au personnage d'Abdel, Mathieu Kassovitz, le directeur du film, plante le problème des banlieues et intensifie la gravité des émeutes. En effet on entend parler d'Abdel au début du film pendant les informations et on apprend qu'il est à l'hôpital dans le coma. En ajoutant cet élément tragique, Kassovitz montre que les émeutes ne sont pas banales et que ce sont des émeutes d'une certaine ampleur et d'une grande brutalité, comme le démontrent les images d'archives qui ouvrent le film.

De plus, l'histoire de ce personnage souligne le côté réel de ce film et que ce film n'est pas qu'une histoire créée par un scénariste. En effet Mathieu Kassovitz s'est inspiré de faits réels pour écrire son film, ceux d'émeutes qui se sont déroulées à Paris après la mort d'un jeune originaire du Zaïre, décédé pendant une bavure policière. En effet, quand on entend parler d'Abdel pendant le film, c'est aux infos, et bien que les images d'Abdel aient été créées pour le film, elles donnent une impression de réalisme.

C'est alors que l'impact de ce personnage prend toute son ampleur. En effet c'est pour venger Adbel que Vinz veut tuer un flic et dans la scène des skinheads Hubert lui dit « Allez, fais le pour Adbel. » Bien qu'absent à l'écran le personnage pourrait donc être perçu comme une force cachée qui fait avancer la trame. Cela est évident quand les trois jeunes apprennent la mort d'Abdel ; cette annonce va accélérer l'action. Finalement, le personnage d'Abel est donc ce qui pousse Vinz à être violent.

On en arrive alors à la conclusion que le personnage d'Abdel joue un rôle crucial dans le film puisque son personnage a une portée dramatique sur la trame. Bien plus qu'un nom et une photo auxquels on fait référence pendant le film, le personnage d'Abdel est, selon moi, un élément clé.

(361 mots)

Commentaires du correcteur

- This essay is well constructed with an introduction, a logical development and a conclusion.
- The points made are organised logically and the essay flows well.
- The response is detailed and relevant throughout and all the evidence is appropriately selected.
- The student shows an excellent understanding of the work and is able to draw conclusions.
- The points made are varied and offer a multifaceted interpretation of the role of Abdel.
- Some of the points are very perceptive and demonstrate a deep understanding of the film.
- This student uses a range of technical phrases to enhance the essay and they exploit technical terms very confidently.
- Sentences are generally complex with the use of subordination.
- The language is rich, with the use of complex grammatical structures.
- Student A would receive a mark in the top band for AO4.

Étudiant B

> *La haine se passe dans les banlieues parisiennes et Abdel est un jeune homme. Abdel est l'ami de Saïd, Hubert et Vinz. Abdel est à l'hôpital et il meurt avant la fin du film. Abdel est d'origine maghrébine. Abdel est important dans l'histoire. Nous allons donc analyser le personnage d'Abdel.*
>
> *On voit Abdel au début du film aux infos. On apprend qu'il a été blessé pendant les émeutes. Au début on voit une photo d'Abdel dans les banlieues avec un autre jeune homme et cette photo est utilisée plusieurs fois dans le film pour informer le téléspectateur de la santé d'Abdel. En effet la veille il y avait des émeutes dans la cité des Muguets. Cela accentue que les émeutes qui ont eu lieu sont assez graves car un homme est à l'hôpital.*
>
> *Le rôle d'Abdel montre aussi le côté réel du film. En effet Mathieu Kassovitz, le réalisateur du film, a utilisé des faits réels pour écrire ce film. À Paris il y avait des émeutes après la mort d'un jeune originaire du Zaïre. Alors le personnage fait le lien entre la réalité et la fiction de l'histoire.*
>
> *On voit aussi qu'à chaque fois qu'on voit les images d'Abdel dans le film Vinz fait quelque chose de violent. Au début Vinz est violent à l'hôpital car il veut aller voir Abdel, son ami, mais ne peut pas.*
>
> *En guise de conclusion on peut dire que d'un côté le personnage d'Abdel est un personnage absent du film, ce n'est pas un personnage comme tous les autres personnages puisqu'il ne joue pas dans le film mais de l'autre côté son personnage est comme un personnage vrai qui donne plus d'ampleur au film. Abdel est donc, selon moi, important dans le film.*
>
> (290 mots)

Commentaires du correcteur

- The essay is well structured with an introduction, a body and a conclusion and it is within the recommended word count.
- The student shows a good knowledge of the film but should have used their knowledge to build a more critical and analytical response.

- The response tends to be too descriptive at times and leaves it to the reader to draw the conclusions.
- There is evidence of some analysis where the student has drawn conclusions.
- This student uses rather simple sentences with simpler language compared to Student A.
- The third paragraph is not relevant to the question as it does not address the role of character; it simply describes it.
- Student B would receive a mark in the middle band for AO4.

Question 2

Analysez en quoi *La haine* pourrait être considéré avant tout comme un film sur les banlieues.

Étudiant A

Le film se déroule principalement dans la cité des Muguets, une cité parisienne. Nul ne pourrait nier que *La haine* est un film sur les banlieues étant donné les thèmes importants qui sont abordés comme la violence des banlieues, les émeutes et les images d'archives qui sont utilisées pour planter le décor. Cependant on pourrait aussi y voir une autre dimension et c'est cela que je vais analyser dans cette dissertation.

Tout d'abord, ce film met l'accent sur le malaise des banlieues. En effet dans de nombreuses scènes le téléspectateur est témoin des problèmes de violence entre la police et les jeunes, souvent associés aux banlieues. Des scènes comme celle sur les toits ou celle de la poursuite dans la cité sont très évocatrices. La violence est présentée sous différentes formes et peut être explicite et implicite. Ce qui frappe tout au long du film c'est que la violence fait partie du quotidien de ces jeunes. Ils sont coincés dans cet engrenage de violence et ne peuvent pas s'en sortir.

En outre, il ne faut pas oublier tous les autres détails qui illustrent la vie quotidienne dans les banlieues. Par exemple, il faut s'attarder sur la représentation des jeunes comme le soulignent les nombreuses scènes montrant les jeunes ne faisant rien, trainant dehors entre potes et fumant des joints. C'est un univers déprimant qui est accentué par la morosité et la pauvreté des lieux. On ne peut pas en effet s'empêcher de remarquer que la cité est un endroit délabré et insalubre où la promiscuité règne. Mathieu nous dresse vraiment un tableau réaliste des banlieues en nous plongeant dans le quotidien des banlieusards.

Cependant, selon moi, ce film n'est pas seulement un film sur les banlieues puisque certains aspects dépassent cette représentation des banlieues. Il faut se rappeler que le film a été inspiré par des faits réels, ceux de la mort accidentelle d'un jeune homme du Zaïre à la suite d'une bavure policière. Dans une interview, Mathieu Kassovitz a lui-même dit « La haine est un film contre les flics et je voulais qu'il soit compris comme tel. »

Pour conclure je dirais que La haine est sans aucun doute un film qui parle des banlieues et qui nous en présente la dure réalité de leur quotidien mais en considérant d'autres interprétations, ce n'est pas, pour moi, qu'un film des banlieues. Le film a bien plus de signification et on pourrait se demander si la représentation des banlieues cache les idées principales de Mathieu Kassovitz.

(416 mots)

Commentaires du correcteur

- This essay reads very well and its structure is effective and logical.
- The essay has an introduction, four fairly equal paragraphs and a conclusion.
- The points made are all relevant to the title and are set out in a logical fashion.
- Each paragraph focuses on one main idea and the student has used their knowledge of the film well to support the argument.
- The student lays out their ideas, supports them with pertinent evidence and develops them.
- In the final paragraph the student brings in a counter argument and this shows a perceptive understanding of the film and of the question.
- Both the introduction and the conclusion are short, which enables the student to develop their ideas well.
- The language is very rich and the student uses it well to make the essay flow.
- The sentences are usually complex and complex language is used throughout.
- Student A would receive a mark in the top band for AO4.

Étudiant B

La haine se passe en France dans des banlieues parisiennes. En effet l'histoire raconte une journée dans la vie de trois jeunes gens dans la cité des Muguets à côté de Paris. Il est essentiel de comprendre les banlieues pour mieux apprécier ce film.

Mathieu Kassovitz nous montre le décor des banlieues avec des images d'archives au début du film. En effet on voit une altercation entre la police et un jeune homme et on voit aussi des magasins incendiés. On voit aussi des images similaires quand le film commence avec les premières scènes avec Saïd.

Aussi, ce film met l'accent sur les populations immigrées d'origine diverses qui habitent dans les banlieues. En effet Vinz est juif, Hubert est noir d'origine africaine et Saïd, maghrébin. Également on voit d'autres habitants des banlieues qui sont d'autres cultures comme l'homme qui travaille dans l'épicerie. C'est un tableau réaliste.

On voit aussi les jeunes de la cité qui trafiquent de la drogue, insultent la police ou font du marché noir. Dans le film les jeunes ne font rien, sont assis, silencieux, trainent dehors entre potes et fument des joints. Les personnages ne travaillent pas et ils semblent que les autres non plus. Mathieu Kassovitz a tourné de nombreuses scènes qui montrent des jeunes inactifs comme Vinz qui fume dans sa chambre.

Pour finir je dirais qu'avec le film La haine on apprend beaucoup sur les banlieues et les habitants des banlieues, surtout les jeunes. Moi, personnellement, j'ai appris beaucoup de choses intéressantes. Pour moi je pense que ce film est vraiment un film sur les banlieues — c'est comme un documentaire.

(267 mots)

Commentaires du correcteur

- The essay has an introduction, a body and a conclusion but the ideas are not effectively organised within the body.
- Each paragraph is relevant to the title and concentrates mainly on one idea but there is too much scene description and general comment.

- In the first two paragraphs the student has been analytical, showing how the film depicts the suburbs and the director's intentions. However, in the next paragraph the student is simply referring to scenes of the film without explaining their meaning or the aspect of the suburb they are depicting.
- Overall the paragraphs give the impression that the student has learnt a lot of facts.
- The essay is more descriptive than analytical. However, there are examples of some analysis when the student exploits the examples of the film.
- The language is good but rather basic at times, with some repetition.
- The student uses some good phrases to shape the essay.
- The conclusion is rather banal, but does provide a personal note.
- Student B would receive a mark in the middle band for AO4.

« Si tu étais allé à l'école tu saurais que la haine attire la haine. » — Hubert à Vinz

- Cette phrase d'Hubert résume efficacement l'idée principale du film que la violence entraine la violence. En effet Mathieu Kassovitz s'était demandé avant d'écrire le scénario du film comment on pouvait en arriver à haïr quelqu'un. Il donne ici la raison : *La haine*.

- Cette phrase démontre aussi le cercle vicieux dans lequel les jeunes de la cité sont coincés. La haine attire la haine est le propos principal du film.

- Quand Hubert dit à Vinz « si tu étais allé à l'école » il montre la réalité sociale des banlieues avec un grand nombre de jeunes qui abandonnent ou ne vont presque jamais à l'école. Cet aspect est bien représenté dans le film quand on voit l'inactivité des jeunes et le fait qu'ils passent leur journée à ne rien faire, petits et grands. Il y a en effet un problème d'éducation dans les banlieues qui peut aussi être la source d'autres problèmes sociaux comme le chômage et la délinquance, par exemple.

« J'suis d'la rue moi, et tu sais c'qu'elle m'a appris la rue à moi ? Elle m'a appris que si tu donnes ta joue, tu t'fais niquer ta mère* et puis c'est tout ! » — Vinz à Hubert
*slang

2

- Vinz dit que si tu es trop gentil (si tu donnes ta joue) les gens profitent de toi (tu t'fais niquer ta mère).

- Vinz illustre bien en disant cela les problèmes sociaux et la violence qui règnent dans les cités et que la loi du plus fort domine.

- On comprend aussi le manque d'éducation et le manque de modèles parentaux. On peut se demander ce que ses parents lui ont appris ?

- En proclamant qu'il est de la rue on se rend compte que la vision des banlieues que Kassovitz veut nous montrer en filmant des scènes où les jeunes passent la quasi-totalité de leur temps dehors est bien réelle. Les jeunes vivent dans la rue et y apprennent les règles.

- Le vocabulaire utilisé est aussi criard de la réalité des banlieues — verlan et grossier.

« J'en ai marre de cette cité, j'en ai marre. Il faut que je parte. Il faut que je parte d'ici. » — Hubert

Cette phrase est porteuse de plusieurs idées :

- Hubert veut vraiment quitter la cité car il ne peut plus supporter la vie dans cet environnement.

- On a l'impression avec ce que dit Hubert qu'il a comme un pressentiment et qu'il veut partir avant que quelque chose ne se passe.

- En disant cela Hubert nous apparait plus mature et plus réaliste que les autres jeunes de la cité puisqu'il s'aperçoit que la vie dans la cité ne mène à rien.

- Cette phrase est d'autant plus puissante quand sa mère lui répond « Ramène moi une salade. » En disant cela, sa mère nous confirme que les habitants sont coincés dans cet univers et qu'ils ne peuvent y échapper. Le cynisme de la mère fait comprendre qu'il faut qu'il arrête de rêver — ils y sont et vont y rester.

4

« On n'est pas à Thoiry ici. » — Hubert
Cette phrase est prononcée par Hubert quand les journalistes les interpellent. Hubert fait référence ici à un zoo-safari qui se trouve près de Paris.

- On comprend que les banlieues sont perçues comme dangereuses puisqu'on y vient et pourtant on ne descend pas de la voiture — on observe de loin de peur que quelque chose ne se passe.

- La façon dont la scène est tournée augmente aussi cette vision de peur et de distance puisque Vinz, Hubert et Saïd sont en contre-bas alors que les journalistes sont en hauteur, protégés par des barrières.

- De façon générale, la banlieue est devenue un spectacle et ses habitants des "animaux" violents dont il faut se méfier.

- Malheureusement l'attitude des trois jeunes gens qui jettent des cailloux, lancent des insultes et s'emportent, renforce malgré eux cette idée et l'image des banlieues que les journalistes veulent capturer.

5

« Téma la vache ! » — Vinz
À plusieurs reprises dans le film Vinz parle d'une vache qu'il voit apparaitre. L'image de la vache ici peut avoir plusieurs significations dans la trame du film.

- "Téma" est un mot verlan et signifie "mater" qui veut dire "regarder".

- En France, il y a une expression très familière incluant "les vaches" qui fait référence aux forces de l'ordre (« mort aux vaches »). Alors l'image de la vache dans le film pourrait être considérée comme une représentation de la police. On pourrait voir dans cette image la haine que Vinz ressent envers la police.

- Une autre interprétation de cette vision de la vache pourrait renforcer le caractère fantaisiste et irréaliste de Vinz. En effet Vinz a tendance à rêver et à s'inventer une image. De plus à plusieurs reprises dans le film on s'aperçoit que Vinz ne dit pas toujours la vérité. Vinz est un mythomane et la vache représente cette mythomanie.

- Finalement ces hallucinations peuvent aussi souligner un autre aspect du personnage de Vinz : celui de la drogue. C'est en fait ce que lui répond Saïd quand Vinz lui dit qu'il a vu une vache : « Tu devrais arrêter de fumer du cannabis ! ».

🖎 Le vocabulaire utilisé est aussi très représentatif du langage utilisé dans les banlieues — le verlan.

« Un arabe dans un commissariat il ne tient pas plus d'une heure. » — Saïd

« Tu veux être le prochain rebeu à te faire fumer dans un commissariat ? »
— Saïd

Ces deux phrases sont prononcées par Saïd et sont des critiques directes envers la police. Il dénonce plusieurs choses.

🖎 D'abord Saïd critique que la police est violente et que les arabes sont victimes de discrimination.

🖎 La violence exercée par la police est exposée tout au long du film et ces phrases reflètent les idées que Mathieu Kassovitz veut transmette avec ce film. Il proteste contre la violence et l'agressivité de la police qui ont mené à tant de bavures et à la mort de certaines personnes. Il se révolte contre le système judiciaire — pas les individus, mais le système qui conditionne et engendre cette violence.

🖎 Ces phrases sont aussi une référence directe à l'épisode qui a entraîné la mort de Makomé, jeune homme du Zaïre, pendant une garde à vue et dont le film est inspiré.

🖎 Finalement, lorsque Saïd dit "un arabe" ou "rebeu" il parle ici au nom de la communauté maghrébine qui habite dans les banlieues. Il dénonce la discrimination qu'ils endurent et le mauvais traitement dont ils sont victimes. Saïd montre le racisme et l'attitude envers les arabes.

« Comment ils sont polis les keufs ici, carrément il m'a dit "vous" et tout ! »
— Saïd lors de sa montée à Paris

Cette réplique souligne plusieurs aspects :

🖎 D'abord Saïd est vraiment stupéfait que l'agent de police le vouvoie. On comprend alors qu'il n'a pas l'habitude d'être traité de la sorte par la police. Le vouvoiement représente un signe de respect. On ressent sa surprise.

🖎 Sa surprise renforce l'attitude des policiers envers les jeunes dans les banlieues. On se rend compte que les banlieusards perçoivent la police comme l'ennemi.

🖎 On peut aussi comprendre par cette phrase que Matthieu Kassovitz n'a pas fait un film contre tous les policiers, mais veut dénoncer le système qui les conditionne. En incluant des policiers "gentils" Mathieu Kassovitz démontre ce point.

🖎 Cette idée de perception de la police par les jeunes et l'idée que tous les policiers ne sont pas de mauvais policiers sont réitérées quand Samir, le policier, dit à Vinz : « La majorité des flics ne sont pas là pour vous taper. Ils sont là pour vous protéger. »

⬖ Le vocabulaire utilisé est aussi très représentatif du langage utilisé dans les banlieues — le verlan.

9 « Regarde tous ces veaux qui se laissent porter par le système. » — Hubert

⬖ Cette citation signifie toutes ces personnes qui ne pensent pas et qui se laissent guider par le système, par ce que les autres disent.

⬖ Hubert, très lucide, fait cette remarque sur cette société dans laquelle de nombreuses personnes ne réfléchissent pas, ne se posent pas de questions et se laissent modeler par le système.

⬖ Mathieu Kassovitz dénonce le système judiciaire et la police et Hubert fait ici allusion à ce conditionnement.

⬖ De plus on peut voir ici une autre interprétation de cette phrase quand Hubert continue en faisant allusion au racisme. Il dénonce le racisme et la discrimination envers certaines personnes. Le système les pousse à être racistes pourtant elles n'y réfléchissent pas. On se laisse porter par les autres, par le système.

⬖ L'utilisation du mot "veaux" n'est pas anodine n'ont plus ; elle reflète cette idée de troupeau mais aussi un animal qui ne possède pas un gros cerveau — un manque d'intelligence.

10 « C'est l'histoire d'une société / d'un mec qui tombe et au fur et à mesure de sa chute, se répète sans cesse pour se rassurer…Jusqu'ici tout va bien…jusqu'ici tout va bien. L'important c'est pas la chute, c'est l'atterrissage. » — Hubert
Cette phrase est prononcée plusieurs fois dans le film en voix off par Hubert. On l'entend tout au début et à la fin du film. Elle est en fait le leitmotiv de l'histoire.

⬖ Le fait que ce soit Hubert qui la prononce est très significatif puisqu'il semble être le seul des trois compères à se rendre compte de ce qui est en train de se passer dans la cité et dans la société en général. Hubert est très lucide et cette phrase qu'il répète renforce la perspicacité de son caractère.

⬖ Cette citation renforce l'idée que personne ne s'intéresse aux banlieues et que les autorités surtout se disent que tout va bien. On comprend que beaucoup de personnes ferment les yeux et ne veulent pas voir vraiment ce qui se passe.

⬖ Les derniers mots de cette citation sont très évocateurs de la situation dans laquelle ces jeunes vivent. Personne ne s'intéresse vraiment aux raisons, on ne veut pas savoir. Cependant on ne peut pas ignorer la façon dont ça se termine.

⬖ Il est aussi intéressant de noter qu'au début Hubert dit « C'est l'histoire d'un mec » pour montrer que le film est basé sur l'histoire tragique d'une personne alors qu'à la fin du film il dit « C'est l'histoire d'une société », ce qui reflète que la société, le conditionnement, est un problème.